LA COMTESSE DE RAMBUTEAU

La Bienheureuse Varani

PRINCESSE DE CAMERINO

ET

RELIGIEUSE FRANCISCAINE

1458-1527

PARIS

LIBRAIRIE VICTOR LECOFFRE

RUE BONAPARTE, 90

—

1906

La

Bienheureuse Varani

OUVRAGES DU MÊME AUTEUR

Sainte Françoise Romaine (1384-1440). *Quatrième édition*. 1 vol. in-12, orné d'une belle gravure sur acier . . . . **3 fr.**

Le bienheureux Colombini, histoire d'un Toscan au quatorzième siècle. *Quatrième édition*. 1 vol. in-12, orné d'une belle gravure sur acier. . . . . . . **3 fr.**

TYPOGRAPHIE FIRMIN-DIDOT ET Cᵗᵉ. — MESNIL (EURE).

LA COMTESSE DE RAMBUTEAU

La Bienheureuse Varani

PRINCESSE DE CAMERINO

ET

RELIGIEUSE FRANCISCAINE

1458-1527

PARIS

LIBRAIRIE VICTOR LECOFFRE

RUE BONAPARTE, 90

1906

APPROBATION

DE S. ÉM. LE CARDINAL COULLIÉ

Archevêque de Lyon et de Vienne,
Primat des Gaules.

———

Lyon, 23 mars 1906.

Madame la Comtesse,

Aux jours de luttes et d'angoisses où nous vivons, présenter aux lecteurs dans la *Vie de la Bienheureuse Varani,* « l'histoire d'une âme que Dieu dispute au monde, qu'il arrache à l'amour humain, puis à l'amour d'elle-même, pour l'emporter sur les hautes cimes de la vie contemplative », c'est là, semble-t-il au premier abord, une entreprise hardie et même téméraire. Une telle histoire vient pourtant bien à son heure, si l'on veut réfléchir.

Notre-Seigneur ne désire-t-il pas que, dans son corps mystique qui est l'Église, tous les états de sa vie mortelle soient représentés? Or, si le Maître bien-aimé a passé trois années de son existence terrestre dans l'action extérieure, la partie la plus longue de sa vie fut cachée, et sa vie publique elle-même fut tout entière comme enveloppée d'humilité, d'obéissance et d'immolation. Notre-Seigneur a donc bien été, au premier chef, un contemplatif et une victime. Nos contemporains seraient tentés de l'oublier, et il n'est point inutile de leur montrer parfois les efforts d'une âme sainte tendant à la réalisation de ce divin idéal.

C'est, Madame, ce que vous vous êtes efforcée de faire dans votre excellent petit livre.

Le journal intime de la Bienheureuse et quelques récits de ses anciens biographes forment le fond de l'ouvrage; ces divers documents sont harmonieusement combinés et accompagnés de réflexions pieuses et justes. Enfin l'ensemble du récit est habilement replacé dans son cadre géographique et historique : doux paysages Ombriens, fortes peintures de la Renaissance italienne.

Je suis heureux d'ajouter, avec le chanoine chargé de l'examen de cet ouvrage :

« La lecture de cette sainte vie fera du bien aux âmes pieuses : à celles qui ne voient pas toujours la piété sous son véritable aspect; à celles qui, au milieu du monde, résistent encore aux appels de Jésus et regimbent contre l'aiguillon de l'Amour Divin; à celles qui se découragent, se désespèrent, lorsque Dieu retire la suavité de l'amour et les éprouve par des sécheresses, des peines intérieures et par la crainte d'être abandonnées du Seigneur qui veut seulement épurer et fortifier leur amour. »

Je bénis donc bien volontiers l'auteur et son ouvrage, en vous priant d'agréer, Madame la Comtesse, l'assurance de mon respectueux et paternel dévouement.

Pierre Card. COULLIÉ,

Archevêque de Lyon et de Vienne,
Primat des Gaules.

LA

BIENHEUREUSE VARANI

CHAPITRE PREMIER

ENFANCE ET JEUNESSE

Camerino. — La maison Varani. — Une larme au pied
de la croix.

« O mon Dieu, mon Dieu, qu'ai-je fait
« pour mériter votre amour, étant ce que je
« suis, une créature fausse et pécheresse?
« Quelle nécessité éprouviez-vous donc de
« mon service, ô doux Jésus, pour mettre un
« tel empressement à me rechercher? Quel
« fruit enfin avez-vous retiré de vos amou-
« reuses poursuites? »

C'est ainsi que la Bienheureuse Varani

remercie le Seigneur et s'humilie devant lui,
dans le récit qu'elle nous fait des faveurs
divines. Heureux ceux qui peuvent et savent
ouvrir une issue aux flots de vie jaillissant
de leur cœur! Les uns ont chanté leur amour
ou leur douleur en des vers immortels; d'autres les ont transmis dans une prose élo-
quente qui nous fait tressaillir encore, à
travers les siècles, et tous en exhalant leurs
sentiments, ont allégé leur âme. Mais heureux surtout, mille fois heureux, ceux qui,
ayant vécu d'une vie surhumaine et visité
le ciel à l'avance, en rapportent, comme la
Bienheureuse Varani, des chants plus beaux,
plus suaves que tous les chants de la terre.

. . . .

Camille Varani naquit à Camerino, le **9 avril**
1458. Tout le monde connaît ces charmantes
villes de l'Ombrie, dont le nom seul évoque
des souvenirs de poésie et de radieuse sainteté. La région qui s'étend au delà, jusqu'au
pied des Apennins, n'est connue ni du savant,
ni du pèlerin. Cependant ces petites villes des

Marches dont on ignore l'histoire et même le nom, eurent, comme toutes les cités d'Italie, une vie intense, passionnée, souvent dramatique ou héroïque. Il ne leur a manqué qu'un poète pour les chanter, et la renommée de leurs exploits s'est perdue dans le bruit des armes.

Camerino n'est pas une de ces villes gracieuses qui se suspendent en collier ou en guirlande aux flancs des montagnes, comme pour se faire admirer. Elle a plutôt l'aspect d'une place forte qui tâche de voir au loin, sans être vue. Campée sur un contrefort des Apennins, elle ne montre d'abord que les deux tours de son dôme, se dressant fièrement, telles que deux vigilantes sentinelles.

Dans l'enceinte des remparts, les rues dévalent de tous côtés; les maisons, noircies par le temps, se confondent avec le rocher qui les supporte. Mais si la ville paraît sévère, la campagne est riante. Au pied de Camerino, se creuse une immense vasque de verdure, dont les bords se relèvent partout à l'horizon pour former le cirque des montagnes. Quelques-unes de ces hauteurs gardent longtemps les incrustations d'une neige éclatante qui attestent la rigueur du climat.

Les champs, entre la ville et les montagnes, sont semés d'arbres en ligne ou en groupe, et parsemés de villages ou de gaies habitations. C'est une vraie mosaïque, avec toutes les nuances du vert. Çà et là, courent les routes blanches qui relient Camerino à ses plus proches voisines : Ascoli, Foligno, Nacerata, cités dont elle demeure comme le centre et la rose.

Elle n'a pas tout perdu, d'ailleurs. Elle garde l'archevêché de la province, et son Université entretient au loin la vie intellectuelle.

En 1259, la ville fut indignement trahie par l'un des chefs de la noblesse qui ouvrit ses portes aux Allemands. Les murs furent rasés. Les habitants, bannis ou fugitifs, durent se réfugier dans les duchés voisins. Il ne resta de l'ancienne cité qu'un petit nombre

de maisons et deux tours, occupées par l'ennemi.

A la nouvelle de ces désastres, un autre
gentilhomme de Camerino, Gentile Varani,
dont la famille semble d'origine normande,
quitte aussitôt le service du pape et vole au
secours des vaincus. Les Allemands reculent
devant sa bravoure. Il leur arrache pas à pas
le terrain conquis, et sur les ruines de la ville
il fait surgir une ville nouvelle qu'il couronne
de son palais [1].

Dans leur reconnaissance, les Cameriniens
lui confièrent la charge de capitaine de la
guerre, alors la plus haute dignité de l'État.
Après lui, son fils Ridolfo fut investi des
mêmes pouvoirs. Les Varani se succédèrent
ainsi, durant deux siècles, au gouvernement
de leur pays. A la fois sages législateurs et
grands hommes de guerre, toujours vainqueurs sur le champ de bataille, promenant

1. *Dell' istoria di Camerino*, di Camillo Lilii. Parte seconda.
Storia della citta di Camerino, narrata dal Marchese Patrizio
Savini, 1895, pp. 51, 52, 53, 54, 55.

leurs triomphes jusqu'en Asie où ils conquirent Smyrne, ils élevèrent très haut la fortune de Camerino, tout en édifiant la leur. Sans porter aucun titre spécial, ils étaient de fait les seigneurs de la ville et les suzerains du petit État qui en dépendait.

Rien ne ternit leur gloire jusqu'au milieu du xvᵉ siècle, mais à cette époque le souffle précurseur de la Renaissance avait déjà corrompu les mœurs et fait naître la cruauté froide et perfide qui souvent accompagne la débauche. A ces vices s'ajoutaient les haines, les vengeances que le moyen âge expirant léguait à l'Italie.

Une sourde inimitié divisait alors les quatre frères Varani, tous quatre au pouvoir, depuis la mort de leur père. Les deux aînés, moins aimés que les deux plus jeunes, Giovanni et Piergentile, s'irritaient de voir la faveur publique se détourner d'eux, pour flatter leurs cadets. Contenue d'abord, leur jalousie grandit jusqu'à la haine, puis jusqu'au fratricide. Ils firent périr Giovanni sous les coups de leurs spadassins, tandis que Piergentile était saisi perfidement et décapité par les ordres du gouverneur des Marches, complice du crime.

Ce ne fut pas long de punir les coupables, car toujours le sang versé appelle l'effusion du sang. Pour venger le meurtre de Giovanni, les citoyens de Tolentino mirent à mort l'un des fratricides. L'autre, bravant le danger, allait et venait sans garde, dans les rues de Camerino. Un matin où il sortait de l'église, suivi de sa famille, il se vit enveloppé par une foule de conjurés qui, dans un mouvement d'aveugle indignation, frappèrent les innocents comme les coupables. Tous les Varani furent massacrés. On trouva même au pied du sanctuaire les cadavres de pauvres enfants qu'on avait écrasés contre la muraille[1].

Cet horrible drame dont les détails rappellent les tragédies antiques, se passait de 1433 à 1434. Il échappa pourtant au massacre des Varani deux enfants de quelques mois, issus

______

1. *Dell' istoria di Camerino*, di Camillo Lilii, parte seconda, p. 175. — Marchese Patrizio Savini, p. 92.

des deux premières victimes : Giulio Cesare ou
Jules César, fils de Giovanni, et Ridolfo, fils de
Piergentile ; caché sous un monceau d'herbes, le petit Giulio fut emporté loin de la
ville et confié aux soins de sa tante Tora.
Il grandit en exil, toujours menacé, errant
et fugitif, mais trempant dans le péril sa
vaillante nature. Dix ans plus tard, par un de
ces retours de fortune, fréquents au xvᵉ siècle, le capitaine Fortebraccio prenait en main
la cause de l'exilé et le rappelait à Camerino.
Toute la ville l'acclama comme seigneur, aux
cris de : « Evviva la Chiesa e il Signore [1]! »

Dès lors commença pour Camerino la plus
glorieuse période de son histoire. Giulio in-
carnait en lui tout le génie de sa race ; d'une
haute capacité, vaillant soldat et chef habile
durant la guerre, libéral, fastueux même durant la paix, « il représentait dans sa famille,
dit un vieil auteur avec un peu d'emphase,
ce que fut Auguste parmi les Césars ».

1. Marchese Savini, p. 96.

La ville de Camerino n'a pas oublié qu'elle lui doit la plupart de ses édifices religieux. A la demeure seigneuriale construite par Gentile Varani, il ajouta un second, puis un troisième palais. L'historien Lilli en a décrit avec complaisance les grandes salles ornées de peintures et la cour intérieure dont les murailles, également peintes à fresque, étaient entourées de colonnades. Par ce qui reste encore de ces hautes constructions, de la loggia et des fenêtres guelfes s'ouvrant çà et là, l'imagination peut reconstituer le palais, tel qu'il était jadis. Mais combien il est plus difficile de se représenter la foule élégante, raffinée, à la fois respectueuse et familière, qui, tous les jours, se pressait dans les galeries ou les salles! Étrange contraste qu'une telle cour, au milieu d'un tel site! Une vie de fêtes et de plaisirs aux pieds des sombres Apennins et loin de tous les grands centres!

L'écho de ces fêtes se prolongeait encore, quand depuis longtemps elles avaient pris fin. Durant l'occupation des Borgia, un témoin du passé, remontant le cours de ses souvenirs, écrivait au pape Alexandre VI : « Le « soir à l'heure de l'*Ave Maria* tout le pays « se rendait à la cour, qui pour se chauffer, « qui pour traiter ses affaires, qui pour apprendre les nouvelles ou pour parler au sei- « gneur Giulio, et cela jusqu'à trois ou quatre « heures du matin. Dans la journée, on re- « tournait à la Casa Varani pour jouer à la « paume ou pour chasser avec le seigneur... « Il n'est personne aujourd'hui qui, au sou- « venir de ces plaisirs dont il est privé, ne « dise, le soir, près de son foyer, et en sou- « pirant : « Où est la casa Varani[1] ? »

Tout jeune encore, presque adolescent, Giulio avait épousé Giovanna ou Jeanne Malatesta, fille du prince de Rimini. La petite épouse de huit ans était entrée dans la ville de Camerino comme une jeune reine dans son royaume[2]. Soit que ces fêtes somptueuses

---

1. Lettera inedita del Clodio ad Ales. VI. — *Camerino ed intorni* descritti da Aristide Conti, p. 163.
2. Camillo Lilii, parte seconda, p. 205.

aient charmé son imagination d'enfant, soit
que les goûts de son mari aient façonné les
siens, on la vit plus tard rivaliser de luxe et
de faste avec le seigneur Giulio. En même
temps qu'il édifiait dans la campagne de hautes
forteresses, Giovanna faisait construire à ses
frais la belle résidence de Lanciano où tout
flattait ses rêves de grandeur et d'élégance.
A Camerino, elle recevait les femmes avec
une grâce souveraine, offrait de nombreuses
fêtes à la jeunesse et savait attirer et retenir
auprès d'elle les esprits éminents de la contrée.

D'ailleurs, elle se montrait aussi généreuse pour les pauvres qu'aimable envers les
grands. De conscience droite et de haute
vertu, elle ne fut jamais effleurée par le
soupçon, et dans cette petite cour voluptueuse
où chacun se délassait de la guerre en chan-
tant l'amour, nul n'osa élever le regard ou
la voix jusqu'à elle.

*
* *

Camille fut la première bénédiction accordée à l'union de Giulio avec la princesse de Rimini. On a remarqué que, dans la plupart des familles, les ressemblances, comme les affections, se croisent entre les sexes. Ce sont les filles qui reproduisent le plus fidèlement les traits, le caractère, l'intelligence du père ; ce sont elles aussi qui, gardant le foyer, conservent les traditions et l'esprit de la race, d'où il semble que la loi salique, en les excluant de tous les privilèges, se met en opposition avec les droits de la nature et avec ceux de la justice.

De Camille Varani à son père, la ressemblance est frappante. Tous deux ont le même caractère ardent, passionné, l'esprit vif et profond, avec je ne sais quoi de génial que l'on rencontre souvent à l'époque de la Renaissance. Dans la maison Varani il y avait comme une tradition de femmes remarquables et lettrées. La belle-sœur de Camille, Caterina Cibo, savait le latin, le grec et l'hébreu. La fille de Piergentile, Costanza Varani, se rendit célèbre à quatorze ans, autant par son éloquence que par sa beauté. De son union avec Alexandre Sforza, elle eut une fille, Battista, duchesse d'Urbino, qu'on appela « la merveille de son siècle ». Parlant le latin aussi bien que l'italien, orateur et poète dans les deux langues, elle fit l'admiration de Pie II qui voulut l'entendre et la combla de présents, après l'avoir comblée d'éloges.

Si grands que nous paraissent les hommes de la Renaissance par leurs œuvres prodigieuses et multiples, les femmes de cette époque, bien qu'elles soient moins connues, ne leur sont inférieures ni en éloquence ni en savoir. Jamais peut-être l'esprit humain ne fit un effort d'ensemble plus puissant, plus spontané pour atteindre au génie : époque merveilleuse mais funeste pour les âmes.

Camille eut-elle, au même degré que ses cousines, le don de la parole? Tout semble l'indiquer. Nous savons du moins que, « selon les usages du temps, elle soutenait brillamment des thèses de philosophie et de théologie ». Elle écrivait le latin aussi bien que sa propre langue, et plus d'une fois ses poésies ont été confondues avec celles de la duchesse d'Urbino.

Humble comme le sont tous les saints, la Bienheureuse, dans sa vie écrite par elle-même, ne fait mention ni de ses succès littéraires, ni de sa rare beauté [1]; elle avoue seulement qu'avant de se donner à Dieu, elle aimait le monde, les danses, la musique, la toilette, surtout elle aimait à rire. Sa jeunesse s'épanouissait librement au cours d'une existence joyeuse et brillante, et parfois elle se divertissait si follement que, de son propre aveu, elle ne pouvait se recueillir dans la prière.

---

1. Tous les Varani étaient d'une beauté célèbre dans la contrée.

Avec le beau sourire de la jeunesse sur les lèvres, avec une flamme d'inspiration dans le regard, elle allait au-devant de la vie, les bras et le cœur ouverts. Comment eût-elle deviné les tristesses du chemin, alors que tous se liguaient pour la couvrir de fleurs et l'enivrer d'encens?

Mais, plus que tous, Dieu l'aimait et veillait sur elle. Il lui parlait dès l'enfance, à l'âge béni où l'on entend sa voix, où les choses surnaturelles pénètrent au fond de l'âme comme naturellement et y apportent des joies ineffables. Il est bien peu d'entre nous qui ne se souviennent encore de cette douce intimité avec Dieu, de ce paradis de l'enfance. Hélas! nous ne l'avons pas long-temps possédé. Les tentations, les fautes ou les doutes nous l'ont fermé de bonne heure, mais il suffit parfois de ces souvenirs enchanteurs pour nous ramener au bien.

Vingt ans après les premières avances de la grâce, le confesseur de Camille lui donna l'ordre d'écrire sa vie spirituelle. Lui-même a fidèlement gardé ces pages d'une sincérité touchante, et d'une finesse d'analyse qui laisse pressentir notre époque. Le ton, très simple d'abord, même un peu enfantin quand il s'agit de l'enfance, s'anime progressivement, à mesure que le sujet s'élève. Ce n'est pas le récit d'une existence, car les événements y font défaut. C'est l'histoire d'une âme que Dieu dispute au monde, qu'il arrache à l'amour humain, puis à l'amour d'elle-même afin de l'emporter sur les hautes cimes de la vie contemplative. Là, elle traverse parfois des régions désolées où elle ne sent plus le secours divin; dans l'angoisse, dans le vertige du vide, elle se tourne vers son guide spirituel, et pour lui permettre de mieux juger ses difficultés présentes, elle lui dévoile tout le passé. Ainsi jaillit du fond obscur de l'épreuve, la seule lumière qui éclaire cette vie mystique.

*
* *

« Sachez, mon doux et bien-aimé Père,

écrit la Bienheureuse, que ma vie spirituelle a trouvé en vous, en vous seul, son commencement et son principe [1]. Sans doute cette nouvelle vous surprendra ; peut-être vous trouvera-t-elle incrédule, car vous n'avez nul soupçon de ce qui va suivre... Mais écoutez... et vous conviendrez avec moi que tout est possible à Dieu.

« La dernière fois que vous êtes venu prêcher à Camerino, je pouvais avoir de huit à dix ans. C'était un vendredi saint. De mon propre mouvement, je voulus entendre votre sermon, et je l'écoutai, non seulement avec une attention appliquée et soutenue, mais comme ravie à moi-même, comme on écoute pour la première fois des choses merveilleuses. Il me semblait que les événements dont vous parliez, n'étaient point un récit du passé ; c'était une scène vivante se déroulant là sous mes yeux.

---

1. *Le Opere spirituali della Beata Battista Varani, dei Signori di Camerino*, Camerino, typografia Savini, 1894. — *Acta SS.*, t. VII, p. 470.

« Vous nous représentiez Jésus devant Hérode. S'il eût daigné répondre, Hérode l'aurait sauvé. J'éprouvais alors une si vive compassion que je me pris à dire au fond de l'âme : « O Seigneur, faites que mon « Jésus parle! Qu'il ne soit ni condamné, ni « mis à mort. » Mais presque aussitôt, vous ajoutiez qu'il ne sortirait pas de son silence; une douleur plus poignante me transperça le cœur. « Oh! pourquoi, disais-je tout bas, « pourquoi n'a-t-il pas voulu répondre? C'est « donc volontairement, de son plein gré, « qu'il va mourir? » Et il en était ainsi, ô mon doux Jésus, mais je le disais sans le comprendre.

« A la fin de votre discours vous nous avez suppliés de ne jamais mettre en oubli la passion du Christ. Au moins tous les vendredis, nous disiez-vous, faites une courte méditation sur les douleurs de Jésus, et arrachez-vous une larme d'amour, une seule larme, « *una lacrimuccia, una, una* ». « C'est « peu sans doute, et pourtant je vous l'af-

« firme, votre unique larme sera plus agréa-
« ble à Dieu, plus utile à votre salut que
« toutes les bonnes œuvres que vous pour-
« riez faire, si parfaites qu'elles soient. »

« Cette parole, mon Père, c'est la vertu
de l'Esprit-Saint qui la déposa sur vos lèvres.
Mon âme d'enfant en fut pénétrée d'émotion.
Un jour, où je la méditais sérieusement, je
sentis qu'elle pressait une touche secrète de
mon âme et je fis le vœu de m'arracher
chaque vendredi une larme d'amour pour
la donner à la passion de mon Jésus.

« De cette larme comme d'une source,
découle toute ma vie spirituelle, ainsi que
vous le verrez clairement par mon récit.

« Longtemps je ne pus accomplir mon
vœu qu'au prix d'efforts pénibles et prolongés.
Il me fallait, le vendredi, mettre mon cœur
à la torture, comme sous le pressoir, pour
en tirer une larme. J'avais alors en aversion
toutes les choses spirituelles. Je ne pouvais
ni lire, ni entendre lire ce qui m'eût at-
tendri l'âme et rendue capable de pleurer.

Lorsque, Dieu m'aidant, je sentais couler de mes yeux une première larme, ne croyez pas, mon Père, que j'attendisse la seconde; vite, vite, je me levais et je prenais la fuite.

« Quelquefois, dans ma vivacité naturelle, je riais, je me divertissais si follement au cours de la soirée, que, plus tard, en priant, je ne pouvais arracher de mes yeux cette larme bénie. Alors la patience m'échappait; je me levais et m'éloignais, mais toute la semaine je demeurais triste, inquiète, avec le pressentiment qu'il m'arriverait un malheur en punition de mon infidélité.

« Durant un carême, j'allai me confesser au Père Pacifique d'Urbino. Il me questionna après la confession et me demanda si j'avais contracté quelque vœu. Celui que j'avais fait à Dieu étant chose bonne et louable, je n'osais en parler, dans la crainte de me glorifier. J'avais donc résolu de me taire, mais je cédai aux instances, ou du moins à l'autorité de mon confesseur, et je lui avouai tout. Il me répondit aussitôt. « Jamais, ma fille,

« je ne vous relèverai d'un tel vœu. J'entends,
« au contraire, que vous l'observiez fidèle-
« ment. Rappelez-vous toutefois que, si, en
« dépit de vos efforts, vous ne pouvez l'ac-
« complir, vous ne serez coupable d'aucun
« péché. »

« Je continuai donc à m'acquitter de mon
vœu, mais la tâche en demeura pénible, la-
borieuse jusqu'au jour où la bonté divine
vint me secourir. Il me tomba sous la main
un traité de la passion divisé en quinze
points. Je pris l'habitude de le lire tous les
vendredis, à genoux devant un crucifix. Je
m'efforçais même de verser une larme à
chacun des quinze points, et souvent il ar-
riva que, non pas une larme, mais un flot
de larmes s'échappa de mes yeux.

« Un vendredi que j'avais été occupée jusqu'à une heure après minuit, j'obtins du
seigneur mon père la permission de me retirer. Autour de moi, chacun reposait. La
nuit était fort avancée et la lecture était
longue. Je fus violemment tentée de l'aban-

donner pour une fois. J'hésitais, je délibé-
rai longtemps avec moi-même; mais enfin
je tombai à genoux et je fis ma lecture ac-
coutumée. O mon Père, si vous saviez à
quel péril j'échappai cette même nuit! Je
vous le conterai plus tard, mais aujourd'hui,
pour ne pas prolonger mon récit, je le pas-
serai sous silence. Je dirai seulement, — car
je le sais par expérience, — qu'heureuses et
bienheureuses sont les âmes qui ne défaillent
point au cours des bonnes œuvres commen-
cées. »

Camille raconta sans doute, mais n'écrivit
jamais à son directeur, le danger auquel
elle fut exposée. Sur ce point, comme sur
beaucoup d'autres, on en est réduit aux con-
jectures. La plupart des biographes croient
qu'il s'agit d'un terrible accident survenu
à la même époque, au palais seigneurial.
Soit que la construction en fût défectueuse,
soit plutôt par l'effet d'un tremblement de
terre, toute la façade de ce palais s'écroula
la nuit, vers trois heures du matin. La cham-

bre de Camille se trouvait dans la partie même qui tomba en poussière[1]. Il est à présumer que la Bienheureuse, cherchant le recueillement, avait déserté sa chambre ordinaire pour quelque oratoire ou quelque salle inoccupée ; circonstance qui lui sauva la vie.

« J'éprouvais dès lors, reprend-elle, un attrait si vif et si doux pour la passion du Christ que je résolus de ne plus la lire, mais de la méditer, non seulement le vendredi, mais tous les jours. Je ne suivais plus le plan tracé par l'auteur. J'allais au large selon l'inspiration divine, et parfois, j'aurais voulu arrêter le cours de mes larmes, tant elles coulaient faciles et abondantes. A cette époque je n'avais aucune retraite pour prier à l'écart. Quelques personnes de mon entourage, sans doute à l'instigation du démon, interprétèrent méchamment les pleurs que je ne pouvais leur cacher. Elles les attribuèrent tantôt à un fol amour, tantôt à une dé-

1. Matteo Pascucci, *Vita della Beata Battista Varani, principessa di Camerino*, Nacerata, 1680.

ception mondaine, et ces soupçons qu'elles aiguisaient en railleries cruelles, me perçaient le cœur. Cependant, avec la grâce de Dieu, je me moquais de leurs critiques. Tournant le dos à mes ennemis et me retournant vers Dieu, je ne changeais rien à mes résolutions ni à mes habitudes. « Pensez de « moi ce qu'il vous plaira, disais-je en moi- « même, je fais aussi peu de cas de vos blâmes « que de vos louanges. »

« Ainsi s'écoulèrent les trois années de jeunesse, où croissait en mon âme la dévotion à la passion du Christ. Tous les vendredis, je jeûnais au pain et à l'eau. Je m'engageai par vœu à m'abstenir, ce jour-là, de certaines imperfections qui m'étaient ordinaires ; mais je ne fus pas toujours fidèle à ma promesse. Je flagellais les membres de mon corps les uns après les autres. Chaque nuit je me levais pour dire un chapelet, et quand je l'avais omis par négligence, plus tard j'en récitais deux.

« Je dois pourtant vous l'avouer, mon Père,

toutes ces prières et toutes ces pénitences, je me les imposais bien moins en vue de mon bonheur éternel que pour obtenir la continuation de mon bonheur présent. Il arrivait alors vers la fin de mes oraisons, lorsque je prenais congé du Seigneur, que mon âme m'était ravie brusquement et emportée dans une sorte de paix et de tranquillité délicieuse à savourer, impossible à décrire. Cet état extraordinaire durait à peine le temps de réciter deux *Ave Maria*. Je ne sentais plus le fardeau de mon corps ; il demeurait comme insensible, tandis que l'âme se dilatait en un lieu de repos et de délices incomparables. Au sortir de ce ravissement, je disais à Dieu de tout mon cœur : « O « mon Seigneur, si vous prévoyez que le « monde et ses futilités doivent me séparer de « vous, prévenez un tel malheur en m'envoyant « la peste, et plutôt mille fois qu'une. »

« Or, par la séparation d'avec le Seigneur, j'entendais la privation des douceurs et suavités que j'éprouvais dans le ravissement. Qu'il y eût d'autres moyens d'aller à Dieu, je l'ignorais

à cette époque où je vivais, d'ailleurs, d'une vie
toute mondaine. Sauf le temps si court donné à
la prière, mes journées entières étaient consacrées à la musique, au chant, à la danse, aux
promenades, à la toilette, aux futilités du
monde. Les lectures de piété m'ennuyaient
ou me faisaient rire. J'avais une telle aversion
pour les religieux et les religieuses que je
pouvais à peine supporter leur vue.

« Enfin, pendant ces premières années de
jeunesse, mon cœur demeurait comme prisonnier. Vainement, je conjurais le Seigneur de
briser mes liens ; je ne pouvais obtenir la
grâce d'une pleine liberté. Je gémissais tout
en priant, et je ne pressentais pas encore
cette grâce puissante dont le secours allait
me délivrer.

« O Dieu, soyez mille fois béni, vous qui
venez en aide par mille moyens à l'âme qui
veut être à vous ! »

CHAPITRE II

Cependant l'enfance de Camille avait déjà
passé, laissant son cœur moins simple, moins
ouvert à toutes les choses d'en haut. Avec l'a-
dolescence, commence la lutte intime entre la
nature et la grâce ; le goût du plaisir, l'amour
du monde s'éveillent dans cette âme ardente
en même temps que l'appel de Dieu se fait plus
pressant et plus tendre. Viennent enfin les premières années de la jeunesse, et, avec elles,
les exigences fougueuses, les troubles, les
orages d'un cœur que rien ne peut satisfaire
et qui réclame impétueusement le bonheur.

Qu'inventera l'amour divin en face de ce péril, le plus pressant de tous? Il y a moins de danger pour une nature jeune et passionnée, à suivre le banal courant du monde. Un tel goût, dans une âme féminine, se rencontre, plus souvent qu'on ne le croit, avec la parfaite innocence du cœur, même avec l'absence d'esprit mondain. Où la femme peut-elle dépenser sa vie et ses forces? Toutes les voies ouvertes à l'activité des hommes lui sont fermées; une seule reste entr'ouverte : les plaisirs du monde. Elle s'y précipite sans grand discernement parfois, mais sans que l'âme soit détournée de Dieu.

Tout autres sont les passions du cœur. Pour qui connaît leur puissance et leurs ravages, on s'étonne de les rencontrer dans une âme qui a déjà entendu, déjà écouté l'inspiration divine. Il semble que deux amours si dissemblables ne puissent naître et grandir ensemble... Nous le savons pourtant; le cœur, aveugle et trop riche dans la jeunesse, se jette de tous côtés à l'aventure, vers le ciel et vers la terre. Il s'appuie sur un misérable roseau comme sur un chêne, jusqu'au jour où le roseau, se brisant, brise le cœur lui-même et le détache d'ici-bas.

Camille n'a pas nommé celui qui sut la troubler, mais son récit et les traditions de Camerino désignent clairement l'un des familiers de la casa Varani : le poète Agnolo Perrotto [1]. Il était jeune, il était charmant, et le pays, comme la cour, redisait avec ivresse ses poésies amoureuses. Aujourd'hui, elles sont inconnues de tous. Tel est le sort des œuvres légères qui suivent la mode et le courant du jour; démodées le lendemain, elles sont oubliées le surlendemain.

Bien qu'Agnolo fût de noble et ancienne race, il ne pouvait prétendre à la main de Camille. Il y avait trop de distance du simple gentilhomme à la fille aînée du seigneur suzerain, princesse de fait, sinon de titre. Les deux jeunes gens, sans doute, oubliaient les

1. Aristide Conti, p. 42, 43, 145. — S. Maria Ricci, Orazione Accademica, 1844.

soucis de l'avenir. Ils s'admiraient l'un l'autre, sous la triple auréole de la poésie, de la jeunesse et de l'amour, et chacun en secret faisait sa partie dans le duo amoureux qui les ravissait.

Rien de plus innocent, d'ailleurs, que leurs rencontres — rares ou fréquentes. Ils se voyaient à la cour, sous les yeux des parents et avec le vague sentiment que leur amour n'était qu'un rêve. Camille tremblait que la volonté de son père ne la jetât aux mains d'un de ces ducs ou princes italiens dont les mœurs sanguinaires lui inspiraient une légitime horreur. Elle tremblait plus encore devant le doux mais pressant appel divin.

Ce fut une nouvelle station de carême qui décida de sa voie. Longtemps elle avait procédé par demi-conversions, avec des temps d'arrêt, des retours vers le monde, tels que nous en voyons autour de nous et en nous-mêmes. Elle priait, sans mettre ses actes d'accord avec ses prières, et tout en déplorant sa passion, tout en la désavouant, elle ne faisait

rien pour la combattre. « Dans la guerre d'a-
« mour, dit le proverbe italien, celui-là seul
« est vainqueur qui prend la fuite. » *Nella
guerra d'amore, vince chi fugge.*

Camille aimait la guerre et ne voulait pas
fuir.

Toutefois elle ne se dérobait pas davantage
aux sollicitations divines qui l'épouvantaient,
ni aux touches de la grâce qui ravissaient son
âme. Elle demeurait fidèle à son vœu, sensible
et docile à la parole du prêtre, cette parole
si goûtée du moyen âge et que la Renaissance
écoutait encore avec respect.

« Dieu, dit-elle, voulant ouvrir mes yeux
à la lumière de la vérité, envoya le Père
François d'Urbino nous prêcher le carême [1].

« Ses paroles de feu traversaient mon âme,
comme une tempête prolongée et terrible,
lançant la foudre à chaque instant. Toute la
station roula sur ces mots qu'on écoutait avec
un frisson d'épouvante : « Craignez Dieu,

_____

1. *Le Opere spirituali della Beata Battista Varani*, p. 12.

« craignez Dieu. » J'éprouvai dès lors une telle frayeur de l'enfer, une telle crainte du Seigneur, au souvenir de mes fautes, que j'aurais certainement désespéré du pardon divin, si je n'avais su d'autre part combien le désespoir déplaît à Dieu.

« Je passais du moins mes jours et mes nuits à pleurer mes infidélités. Matin et soir je méditais la passion du Christ, et dans l'ardeur de pénitence qui me consumait, je ne prenais plus le vendredi que quelques bouchées de pain et un verre d'eau. Parfois même je ne touchais pas à la nourriture. La nuit, je couchais sur la dure, dormant si peu, si légèrement, qu'en vérité je pouvais dire : « Je « dors, mais mon cœur veille. »

« Au cours de cette vie d'oraison et de pénitence où la crainte m'avait poussée, je commençais à entendre, par intervalles, une voix mystérieuse qui semblait venir de loin, de très loin — pas si éloignée pourtant que ses paroles ne fussent très distinctes. Elles me déclaraient que si je voulais éviter l'enfer, objet de ma terreur, je devais fuir le siècle et me jeter dans le cloître. En même temps une lumière céleste me laissait entrevoir que ma vanité me perdrait, si je restais dans le monde — lumière insupportable, paroles plus amères que le fiel, car elles contrariaient en moi ce qu'aimait et désirait la nature. A quoi bon me raisonner ? Les arguments les plus persuasifs me laissaient incapable de répondre à l'ordre divin. Il faut être affranchi de toute affection désordonnée pour s'engager au service de Dieu ; et je le sentais : mon cœur n'était pas libre.

« Tout à coup, me vint l'inspiration d'écrire au Père François, sous prétexte de l'intéresser au salut d'une autre âme. Je n'espérais aucune réponse et je n'ai pas le souvenir d'avoir laissé tomber dans ma lettre une seule parole qui pût trahir mes sentiments ou mes dispositions intimes.

« Contre mes prévisions, le Père daigna me répondre. Il me fit passer les lignes suivantes, par une voie également sûre et secrète.

« Je me charge de l'affaire que vous me re-
« commandez. Quant à vous, ma fille, je vous
« conjure de garder intacte la pureté de votre
« cœur et celle de votre corps. Suivez l'exem-
« ple de la vierge Cécile jusqu'au jour où Dieu
« disposera de vous, selon les desseins de sa
« miséricorde. Ne vous laissez pas vaincre
« par les passions charnelles qui vous as-
« siègent, mais luttez vaillamment et triom-
« phez de vous-même. »

« La lecture de cette lettre me laissa comme
la douleur aiguë d'une blessure. Non, ce n'é-
taient point là des paroles sans portée, mais
des flèches décochées par la main de Dieu,
contre mon pauvre cœur. Dieu seul avait pu
révéler au Père François ce qui se passait en
moi. Le Père ne m'avait jamais vue et il n'i-
gnorait aucun des sentiments de mon âme!

« Après le premier instant de trouble, je
m'écriai. « C'est vous, ô mon Dieu, vous
« seul qui me parlez par le ministère de votre
« serviteur. — J'obéirai, Seigneur, et je suis
« prête à le faire. »

« Le croiriez-vous, mon Père? A peine eus-je renoncé, trois ou quatre fois, à la douceur de revoir celui qui me charmait, que je fus délivrée à jamais de ma malheureuse passion. Je conçus alors, pour le Père François, des sentiments de vénération, d'affection filiale, que peut-être on eût jugés trop vifs, et qui cependant étaient nécessaires pour me conduire de l'amour profane à l'amour saint et spirituel. Ne devais-je pas d'ailleurs la plus vive reconnaissance au serviteur de Dieu? »

*
* *

Pas à pas, Camille se rapprochait de la voie où Dieu la voulait; mais ses affections étaient encore trop humaines pour se détacher facilement de la terre. En rompant avec Agnolo, elle avait senti la fragilité de ce lien, fait de rêves et de désirs, plutôt que de véritable amour. En songeant à ses parents, il lui sembla que le glaive pénétrait au plus profond de son cœur. Aurait-elle jamais la force de quitter son père, ce père qui l'aimait avec passion, avec orgueil, comme un doux reflet de sa propre nature? Ainsi se révèlent, souvent, les affections de famille; nous les sentons à peine, tant elles font partie de nous-mêmes, — et le jour où Dieu les brise, on souffre jusqu'à mourir.

« Insensée que j'étais, poursuit Camille, dans son récit, j'opposais toutes les excuses, tous les obstacles à la volonté divine. Je prétendais que mon père m'aimait trop pour me laisser vivre dans un cloître. Qui donc aurait la force de m'arracher à ses puissantes mains? Et quand moi-même j'aurais voulu lui échapper, était-ce chose possible? — O mon Dieu, qu'ai-je fait pour mériter votre amour, étant ce que je suis, une créature fausse et pécheresse? Quelle nécessité éprouviez-vous donc de mon service, ô doux Jésus, pour me rechercher avec un tel empressement? Quel fruit enfin avez-vous retiré de vos amoureuses poursuites?

« Aujourd'hui je me souviens encore de tous les secours offerts par la divine bonté pour me tirer des mains de mon père ; mais d'y penser seulement me brise le cœur et je n'ai pas le courage d'entreprendre ce récit.

« Dieu, voyant la dureté de mon âme, résolut de l'attendrir par un autre moyen. Il suggéra au Père François un sermon sur la salutation angélique et sur la flamme d'amour qu'elle alluma au cœur de la Vierge. Le Père lui-même semblait un séraphin, tant il parlait avec ardeur et avec feu. Il affirmait qu'en une seule étincelle de cet amour divin, il y avait plus de suave douceur que dans toutes les amours humaines, toutes les voluptés d'ici-bas, fussent-elles toutes réunies.

« Après le sermon, j'allai m'agenouiller devant l'autel et je promis au Seigneur de garder la pureté de mes sentiments, jusqu'au jour où il daignerait me faire connaître sa volonté souveraine. J'y mis pourtant une condition : j'osais demander à la Reine des

Vierges de faire jaillir dans mon cœur une étincelle de ce feu d'amour qui la brûlait elle-même [1]. »

Cette seule étincelle d'amour rappelle la seule petite larme que Camille, enfant, s'efforçait de répandre sur les douleurs du Christ. Mais en demandant l'amour divin — ne fût-ce qu'une étincelle — elle demandait le bien suprême, celui qui contient et remplace tous les autres, et « son âme, dit-elle, n'était pas assez pure pour recevoir un si riche trésor ».

Le Samedi saint, elle entendit le prédicateur blâmer vivement certaines confessions qui deviennent nulles par l'absence de ferme propos ou par le défaut de contrition. Aussitôt la conscience de la jeune fille s'alarma. A mesure qu'elle se rapprochait de Dieu, elle devenait plus humble, plus défiante d'elle-même, plus délicate et plus sévère dans l'examen de son âme. — « Malheureuse

---

1. *Le Opere spirituali della B. Battista Varani*, p. 15, 16.

« que je suis! se disait-elle, — *o trista me!*
« n'est-ce pas ainsi que je me suis maintes fois
« confessée? Je n'ai jamais eu la ferme réso-
« lution de rompre avec ma vanité — sinon
« maintenant. »

Dès le soir même, elle exposa ces troubles
de conscience à son directeur qui ne les traita
point légèrement. Il estimait que les efforts
et la bonne volonté devaient abonder là où
surabondaient les grâces et les avances célestes. Il renvoya donc la pénitente en lui
imposant un long examen de sa vie. Alors
que tout chantait la résurrection et la joie,
Camille dut interroger longuement sa conscience, s'absorber dans le souvenir de ses
fautes, les pleurer, les expier, avant de revenir en faire la confession générale au Père
François [1].

Durant la messe de Pâques, dans la cathédrale en fête, la jeune fille vit le peuple

[1]. *Le Opere spirituali della B. Battista Varani*, p. 17. — *Vita della B. Battista Varani*, P. Anton. Maria Marini, Camerino, 1882, p. 25.

entier s'ébranler pour recevoir la communion ; tous s'agenouillaient à la table sainte, tous y étaient conviés — sauf elle-même. Plus d'un regard ironique semblait lui demander la cause de cette exclusion. La fille des Varani inclinait toujours plus bas sa belle tête rougissante. Atteinte dans sa dignité de princesse, dans l'intime profondeur de son orgueil, dans la délicatesse féminine qui s'effraie d'un blâme public, elle se voila le visage de ses mains tremblantes. «Lorsque le peuple se porta vers la table sainte, et que je restai seule à ma place, dit-elle plus tard à son confesseur, je fus remplie de confusion. Je pensais bien qu'une exception si humiliante n'échapperait à personne[1]. »

La confession générale que Camille fit la veille de Quasimodo, fut un pas décisif dans la voie où elle avançait lentement. Dès lors elle était bien près d'offrir le sacrifice total et

---

1. Le sentiment est très féminin, car la femme, plus timide que l'homme, est plus sensible à la honte ; mais l'aveu témoigne déjà d'une profonde humilité.

de recevoir, en échange, l'étincelle divine.

« Mon âme étant purifiée, dit-elle, Dieu frappa plus fortement à la porte de mon cœur. Sa voix ne se faisait plus entendre de loin, comme autrefois, mais tout près et en moi-même. Si clair, si distinct était le son des pa-roles que souvent, pour l'étouffer, je pressais mes deux mains sur mes oreilles. Vain espoir ! La voix ne parlait pas à mon corps, elle par-lait à mon âme.

« Lorsque j'allais à l'oraison il me semblait que j'allais au combat ; et je ne me trompais pas, car, dans la prière, je bataillais sans cesse contre Dieu. Il n'est point de guerre plus ter-rible que celle-là.

« Il arrivait parfois que le Seigneur me di-sait, comme fatigué de mes résistances : —
« Je suis celui que tu désires et que tu cher-
« ches, mais plus je te presse, plus tu résistes
« à mon amour. Eh bien, va dans le monde
« où ta folie t'entraîne, va mendier ses miséra-
« bles affections. Je te préviens seulement
« que tu n'y trouveras pas la satisfaction de

« tes désirs. » — Ces paroles, je les tournais et retournais dans mon esprit, mais avec un malaise insupportable, car je ne pouvais me résoudre à tout quitter pour vivre dans le cloître.

« Un vendredi, il y eut en moi comme un effroyable choc, une mêlée de sentiments contraires. Tantôt je voulais obéir à la grâce, tantôt je voulais m'y soustraire. Si rude fut le combat que mon corps demeura tout trempé de sueur. Mais alors, mon libre arbitre, qui au milieu du conflit était resté neutre et indépendant, s'érigea en juge; de lui-même il prononça contre moi en faveur de l'esprit divin.

« Ma soumission fut prompte. A l'instant, avec toutes les puissances de mon âme, je me déterminai à servir le Seigneur. Eût-il fallu subir le martyre? de grand cœur je l'aurais souffert, plutôt que de résister ou de surseoir à la volonté divine.

« J'éprouvais, en même temps, un vif désir d'aller à Urbino; par je ne sais quelle inspiration céleste, je sentais que là seulement je pourrais servir le Seigneur en pleine liberté.

« C'est un ineffable soulagement pour un corps torturé de s'étendre sur un lit moelleux, couvert de roses et d'autres fleurs ; ainsi ma pauvre âme martyrisée trouva son lit de repos et son vrai soulagement dans le sacrifice accepté. Je demeurais dès lors toute pacifiée, calme et heureuse. »

*
* *

Non seulement la paix, mais l'étincelle divine et les flammes de l'amour avaient jailli du sacrifice. Au souvenir de ses joies spirituelles, la Bienheureuse s'écrie : — « O mon Dieu, c'est maintenant qu'il faut m'assister de votre bienheureuse présence, car je n'ai plus à traiter que de choses angéliques et divines. Doux Seigneur, mon Dieu, faites-moi cette grâce de pouvoir exposer à la lumière les bienfaits dont vous m'avez comblée, moi, créature indigne.

« A peine eus-je conformé ma volonté à la volonté divine, que sur mon âme s'ouvrirent toutes les cataractes du ciel. Je fus comme engloutie sous un déluge de grâces, comme submergée dans un océan de miséricordes où disparurent mes fautes.

« Alors Dieu, notre père, vint au-devant de sa fille prodigue; il la reçut dans ses bras et la serra amoureusement sur son cœur. De sa bouche divine, il lui donna le doux baiser de paix — non pas une fois ni deux, mais maintes et maintes fois (mais baisers sur baisers). — O cœur de pierre, pourquoi ne ne te brises-tu pas d'amour? Que fais-tu? Et qu'attends-tu pour te fondre tout entier en reconnaissance?

« Cependant la Souveraine Bonté enlaçait mon âme infidèle comme une mère qui ne peut se rassasier de caresser son enfant. Que de fois, me sentant indigne de tant de faveurs, je suppliais le ciel de ne plus m'en combler! Que de fois, dans un vrai sentiment d'humilité, j'abandonnais l'oraison, pour m'échapper des bras divins! Mais le Seigneur m'y retenait de force, aussi longtemps qu'il plaisait à son amour. En sortant de l'oraison, je cheminais çà et là, comme enivrée, et je ne pouvais qu'à la longue ressaisir mon âme.

« Souvent aussi, j'entendais en moi d'amoureuses paroles, d'une douceur, d'une suavité inexprimable; des paroles faites de manne et de miel, de jubilation et d'allégresse, à me noyer le cœur d'amour. Mais je ne puis tout dire; je ne le dois pas, d'ailleurs, d'après ces mots de l'Écriture : « J'ai renfermé dans mon « cœur vos secrètes paroles, pour ne pas pé- « cher contre vous [1]. » Je dirai seulement avec l'épouse du Cantique. « Mon âme s'est fondue « en écoutant parler mon bien-aimé [2]. » Et avec le prophète : « Le miel est moins doux à « mes lèvres que vos paroles à mon cœur [3]. « Ce sont des paroles brûlantes, et voici que « mon âme pécheresse en est éprise. »

1. Ps. cxviii, 11.
2. Cant., v, 6.
3. Ps. cxviii, 103.

« Durant ces heures d'ivresse, je ne gardais plus aucun souvenir de la crainte que j'avais eue du Seigneur; j'oubliais même toutes mes fautes… Le cœur en repos, je me plongeais et me perdais dans un océan d'amour. — Le prix de mon sacrifice fut de comprendre cette divine leçon : Que le commencement de la sagesse, c'est-à-dire le principe de la douceur divine, est la crainte du Seigneur. Plus on a ressenti cette crainte, plus ensuite on goûte la saveur de l'amour, et comme en moi les affres avaient été sans mesure, sans mesure aussi furent les savoureuses douceurs de l'amour.

« Je lâchais, alors, la bride à mon cœur. Aussi longtemps qu'il s'était porté vers les hommes, je le retenais, non sans peine, mais fortement, par le frein de la discrétion. Je ne voulais pas exposer mon honneur aux sévères jugements du monde. Maintenant que ce cœur allait à Dieu seul, je l'abandonnais à son allure la plus impétueuse et je le livrais tout entier à l'amour de mon très doux Époux, le Christ béni.

« Parfois, j'entendais le Seigneur m'appeler ; en d'autres instants je le voyais lui-même. Il se révélait à mon âme, tantôt sous la forme d'un père très tendre, tantôt avec la délicieuse familiarité d'un ami, mais le plus souvent comme un époux infiniment aimable.

« Lorsque à ce titre il daigne se donner à une âme, je crois, sur ma faible expérience, que c'est la plus douce, la plus suave sensation de béatitude qui se puisse goûter ici-bas. Si un tel bonheur avait duré toujours, je n'aurais pas souhaité de mourir, tant il me semblait posséder les ineffables joies du ciel. Vraiment, je ne puis imaginer d'autre différence entre le paradis que j'ai goûté et celui que j'attends, que la différence d'un bonheur incertain et passager à un bonheur éternel. Mais, hélas ! cette seule différence est souveraine et infinie.

« Me voyant, d'une part, si tendrement aimée, de l'autre, n'apercevant en moi que fautes et vices — je ne pouvais me voir autrement, car partout où pénètre le soleil de justice, le Christ béni, il répand la plus vive lu-

mière; je m'écriais parfois : « O mon Seigneur,
« s'il est vrai que les démons osent blasphémer
« votre nom, je crains qu'ils ne vous appel-
« lent maintenant l'ami du vice. Que suis-je,
« sinon profonde iniquité? et cependant vous
« daignez trouver en moi vos délices. Je vous
« en supplie, ô doux Jésus, ne souffrez pas
« que les démons vous injurient, à cause de
« l'amour que vous me portez. »

« Un jour que je parlais de la sorte, le Seigneur daigna me répondre avec une adorable
bonté : — « Non, ma fille, je ne suis pas l'ami
« de l'iniquité. Mais j'aime l'innocence que je
« trouve encore dans ton âme... Lorsque je
« m'y complais, ce n'est pas en toi, c'est en
« moi-même que je me complais; car cette in-
« nocence, elle est mon œuvre, elle est mon
« bien. » — Ici, le Seigneur me fit comprendre
qu'il ne peut trouver qu'en lui-même l'objet
ou l'aliment de son amour et de ses délices. Il
n'aime dans les créatures que ce qu'il y a mis
de lui-même. Hors de lui et sans lui, rien d'aimable ni dans le ciel, ni sur la terre.

« Il me laissa, après cette leçon d'humilité qui brisait à jamais ma vaine gloire et mon orgueil.

« O mon Père, quelles choses insondables ! Plus j'en parlerais, plus il me resterait à dire et quand j'aurais tout dit, certainement je n'aurais rien dit. Au reste, vous en savez assez pour juger de ce qu'étaient ma paix et ma tranquillité, ma confiance et mon ineffable joie, alors que je vivais dans les doux embrassements de l'Époux céleste, dans l'amour de son Père, dans la grâce et les consolations de l'Esprit-Saint. »

CHAPITRE III

Camille avait vingt ans lorsqu'elle offrit au Seigneur le sacrifice de sa vie entière. Elle devait encore rester deux ans et demi dans le monde, livrée à de cruelles persécutions mais soutenue par l'invisible et forte armure des grâces célestes.

Comme son âme, les dons miraculeux qu'elle reçoit demeurent soumis à la loi de progression. Elle sera admise, plus tard, à

sonder les douleurs morales du Christ, au
cours de sa passion ; elle nous redira l'effroyable agonie du cœur divin, en termes si
touchants que longtemps on attribuera ces
pages à l'auteur du « Combat spirituel [1] ».
Mais tout d'abord, elle est initiée à un ordre
de vision moins élevé : la vision corporelle.
« En général, dit un mystique de nos jours,
Dieu n'en use guère que pour les âmes encore attachées aux choses de la terre et afin
de les attirer par les choses sensibles. »
Peut-être les yeux de Camille gardaient-ils
comme un reflet des choses terrestres. Son
cœur était fixé en Dieu pour toujours, mais
sa nature restait sensible, impressionnable,
imaginative et le lien est étroit qui relie l'i-
magination aux sens. Doit-on s'étonner
si Dieu, en se révélant à elle, agit selon cette
nature, et daigne se mettre à sa portée ?

Telle qu'était alors la Bienheureuse, elle
ne pouvait aimer le Seigneur sans désirer

____

1. Scupoli.

ardemment voir son adorable visage. Comme Moïse, elle implore cette faveur jour et nuit, avec instance et avec larmes. A la prière du prophète, Dieu avait répondu : « Tu ne peux voir ma face, car nul homme ne peut me voir sans mourir [1]. »

Moïse vit Dieu lorsqu'il fut passé, mais ne vit point sa face. Et de même que le prophète, Camille vit le Christ, et ne vit point son visage. Cependant, tout incomplète que soit sa vision, elle semble si belle et si frappante qu'en la lisant, on croit la voir soi-même.

« Celui qui est vraiment la fleur des champs et le lis des vallées, écrit la Bienheureuse à son confesseur, celui qui se nourrit au milieu des lis, voulut marquer son passage dans mon âme, en y laissant trois fleurs embaumées, ou grâces célestes. La première fut une vive aversion pour ce monde que j'avais tant aimé. Si l'on m'eût

1. Ex., xxxiii, 20.

dit : — « Montez sur le trône des Césars, avec
« la certitude de vous y sauver, ou bien en-
« trez en religion au risque de vous y perdre »,
vraiment, mon Père, d'un seul bond je me
serais jetée dans le cloître. Le monde, à
mes yeux, n'était plus le monde. Je le voyais
tel qu'il est en réalité, tel qu'il sera toujours :
un enfer temporel, et une porte ouverte sur
l'enfer éternel [1].

« La seconde faveur du ciel fut une sin-
cère humilité. De tout mon cœur j'aurais
confessé que j'étais la plus grande pécheresse du monde. Je m'estimais digne d'être
condamnée par la justice divine et ne pouvant être sauvée que par l'effet d'une souveraine
miséricorde. Lorsque le ciel me comblait de
ses faveurs et de ses dons, je rentrais plus
profondément dans la conscience de mon
néant. Aussi regardais-je toutes les grâces de
Dieu, non pas comme un capital dont j'avais
la libre disposition, mais comme un dépôt

1. *Le Opere spirituali della B. Battista Varani*, p. 26, 27. —
Acta SS.

que le Seigneur me confiait, ou plutôt comme un trésor à faire valoir.

« Enfin la troisième grâce fut un amour ardent de la souffrance. Je disais parfois à mon bien-aimé : « O mon doux Seigneur, « si les bontés dont vous me comblez, vien- « nent vraiment d'un cœur amoureux, si « elles ne sont point une douce ironie, « daignez m'en donner une preuve; laissez- « moi porter cette livrée d'amour dont fut « revêtu votre fils bien-aimé ; laissez-moi, « comme lui, revêtir en ce monde la souf- « france. » Il promit de m'exaucer, et il m'a tenu parole, car depuis lors j'ai bu plus d'une fois et jusqu'à la satiété, au calice des souffrances.

« Tout d'abord, il me prit au mot. Je tombai gravement malade, et cette maladie dégénéra en une infirmité dont je souffre depuis treize ans. Je l'ai toujours supportée avec une joie que je ne puis rendre. Vous le savez, mon Dieu, ce n'est pas en moi-même que je me glorifie par un tel aveu, mais en vous seul qui, seul, m'avez donné la patience.

« Après sept mois de maladie durant lesquels je croyais mourir à chaque instant, je pus enfin quitter mon lit. Ce fut à cette époque qu'un religieux m'apprit à méditer la vie du Christ tout en récitant le rosaire de Marie. Ce saint exercice m'occupait trois heures dans la journée et me valait d'ineffables consolations. Un jour, entre autres, que je méditais le radieux mystère de la Transfiguration, je reçus de telles promesses, si hautes et si rares, qu'au seul nom de ce mystère, mon cœur bondit de joie.

« Le prophète a dit : « Goûtez et voyez [1]. » Depuis que j'avais goûté le Seigneur, j'éprouvais un désir brûlant de voir la beauté de son visage, et mes prières devenaient un continuel soupir, comme une langueur d'amour.

« La seule vue d'un brin d'herbe, d'une fleur, d'une rose exaltait ce désir de contempler

---

1. Ps. xxxiii, 9.

plus haut, une beauté plus haute. Quand je voyais le ciel scintillant d'étoiles, je m'écriais : « O doux Jésus, si toutes vos œu« vres sont admirables, quelle doit être la « splendeur de votre visage ! Montrez-vous à « moi, je vous en conjure. Quel plaisir « pouvez-vous prendre à me laisser si long« temps languir de désir et d'amour ? Vous « seul êtes ma vie, mon espérance, tout l'a« mour de mon âme. — Pourquoi vous ca« cher ? — Pourquoi me dérober la vue de « votre admirable face ? »

« Alors, je ne le fuyais plus comme autrefois. Je le poursuivais passionnément, éperdument. Ainsi que l'épouse des Cantiques, je lui disais : « L'odeur de vos vête« ments surpasse tous les aromates de la « terre ».

« Mon Bien-Aimé me laissa languir six mois dans cette soif de le voir. Enfin il m'accorda la faveur que j'implorais, mais sans me découvrir son glorieux visage. J'eus néanmoins la certitude d'être exaucée, car depuis lors il se fit en mon âme une douce et parfaite tranquillité.

« Voici comment il daigna m'apparaître :

« Je me trouvais un jour en oraison, lorsque je reconnus à des signes certains que Dieu était présent à mon âme. Au moment de se retirer, il me dit : « Si tu veux me voir, re- « garde ». Je levai les yeux et je le vis s'éloignant de moi, déjà à la distance de six pas. Il traversait une longue salle, au fond de laquelle s'ouvrait une porte basse, semblable à celle d'une chambre [1]. Je pus le suivre du regard jusqu'à l'extrémité de la salle ; alors inclinant la tête à cause de sa haute taille, il franchit le seuil de la porte et disparut ! Avec lui, disparurent aussi la grande salle

---

1. La Bienheureuse décrit ici l'une des salles du palais seigneurial. L'apparition s'entourait d'un cadre familier aux yeux de Camille, bien qu'en réalité elle n'eût point quitté sa chambre. La salle existait encore à l'époque où Pascucci écrivait la vie de la Bienheureuse. Quant à la porte basse, elle donnait accès de l'ancien palais, à celui que venait de construire Giulio Varani. (Pascucci, p. 80, 81.)

et la petite porte. — Ma chambre se retrouva ce qu'elle était auparavant.

« Je l'avais vu, pourtant, bien qu'il m'eût refusé la faveur de contempler son visage. Il était vêtu d'une robe éblouissante de blancheur ; la pareille ne pourrait se voir ici-bas. Cette robe descendait jusqu'à terre. Tout au bord, étaient brodées des lettres en or qui avaient la hauteur d'un doigt. Je ne pus cependant lire ces caractères, soit par le fait de la distance, soit à cause du mouvement continuel de la robe ; car il allait, cheminant toujours, sans se presser, mais sans s'arrêter.

« Sa taille, très mince, était dessinée par une ceinture en or massif, large de deux doigts. Il me parut dépasser les hommes les plus grands, de toute la hauteur de la tête. Ses cheveux, légèrement ondulés, et comme dorés, flottaient sur ses épaules et descendaient jusqu'à la ceinture.

« Au-dessus de sa tête s'élevait un ornement qu'il me fut impossible de distinguer.

Était-ce une couronne, un diadème, une guirlande de fleurs? Je ne sais; peut-être n'étais-je pas digne de le voir. Mais qu'elle me parut belle, cette chevelure blonde, cette coulée d'or enveloppant les larges et nobles épaules! Elle répandait à la fois comme une ombre et comme une lumière sur les vêtements d'un blanc céleste, et toute la vision me laissa le souvenir d'une incomparable merveille.

. . . .

« Durant les deux ans et demi que je passai dans le monde, depuis ma conversion, Dieu me combla d'autres faveurs que je n'ai pas à révéler. Mieux vaut parfois trop peu parler, que trop dire.

« Il faut pourtant que vous le sachiez, mon Père; dès cette époque je connaissais par révélation divine toutes les peines qui m'arriveraient un jour. Sans doute, le Seigneur me les découvrait à l'avance, afin de m'y préparer et de me disposer à la patience.

« Il vint enfin le temps de la tribulation,

celui où Dieu voulut éprouver si mon âme était d'or ou de plomb. Outre la maladie, je fus en butte à une persécution dont il ne m'est pas permis de nommer l'auteur. Tout fut employé pour me gagner : les flatteries, les promesses, les menaces, même la prison.

« Je répondis aux caresses en les repoussant, aux menaces et aux souffrances en les embrassant avec amour. Enfin il plut à Dieu de me libérer du monde, comme d'une nouvelle captivité d'Égypte. Je fus soustraite à la puissance du Pharaon dont l'endurcissement avait duré plus de deux années et qui me dit en dernier lieu : « Je cède malgré « moi. Si je ne redoutais pas la colère du « Seigneur et sa verge terrible, jamais je « n'aurais consenti à vous laisser vivre dans « un cloître. »

« C'est ainsi qu'à l'exemple des Hébreux, je sortis de l'Égypte et que je traversai la mer Rouge à pied sec. J'entends par la mer Rouge, la pourpre et les honneurs d'une cour seigneuriale. Elle peut sembler belle aux yeux du monde, cette pourpre souveraine; en réalité elle n'est rien, rien, sinon fumée, ou feu de paille prompt à s'éteindre. »

*
* *

Camille n'aurait pu mieux dire si le ciel, par une nouvelle faveur, lui eût dévoilé l'avenir de son pays. Déjà, montaient à l'horizon les sombres nuages qui devaient ternir l'éclat du quattrocento.

Tout un monde s'écroulait avec le moyen âge, et sur ses ruines s'élevait une race nouvelle. Plus de convictions ni de foi solide; plus de labeur humble et puissant où disparaît l'ouvrier en laissant triompher l'œuvre. Désormais l'homme vit pour lui-même. Il oublie ses devoirs et court à ses plaisirs, il s'appauvrit dans la mesure où il s'affine, et bientôt il prouvera que seul, détaché de tout, livré à son égoïsme, il ne sait rien produire de grand ni de fort.

Ce siècle de beaux esprits n'enfante aucun

génie littéraire. Il est comme épuisé par la servile imitation de la Grèce et par l'érudition fractionnée entre tous. Avec le culte de l'antiquité païenne renaissent les vices païens d'où vient le mépris de la femme. Et le sceptre tombe de ses mains blanches et délicates qui, durant quelques années, l'avaient si fièrement porté.

Il n'est pas jusqu'à l'esprit national et militaire qui ne se perde parmi les Italiens. Si leurs combats mercenaires développent l'habileté des chefs, c'est aux dépens de leur vaillance. A la fin du xv⁰ siècle, Charles VIII peut venir ; il traversera toute l'Italie sans coup férir et sous les pas de son cheval s'envoleront les plus beaux rêves du quattrocento.

Mais ce que nous apprend le passé, Camille, par ses lumières naturelles, ne pouvait l'entrevoir à l'aurore de la Renaissance, le siècle d'or par excellence. Il faut se rendre compte de cette époque, de son éclat et de son charme indicible pour comprendre la lutte que la Bienheureuse soutint avec elle-même, puis avec son père.

Au sortir du moyen âge, l'Italie découvre tout à coup la beauté de la terre, l'ivresse de l'amour, la joie et la douceur de vivre. Dans ces petites cours en miniature, où règne un prince, ami de son peuple, l'existence est un véritable enchantement. On va à la guerre comme à une fête. Ce n'est point une mêlée confuse et meurtrière ; c'est un art, presque un tournoi où l'on ne répand que le sang nécessaire. Au retour, les chants, les danses ou les spectacles sont de toutes les heures, et de toutes les saisons. Quand vient le printemps les *villanelle* vêtues de blanc, une branche fleurie à la main, se répandent dans la cité et dansent sur les places. « On fait grandes « noces et festins, écrit Gora Doti, et avec « tant de pifferari, de chansons, d'ornements « et de joie, que cette terre semble être le « paradis. »

Au fond des palais, le luxe est éblouissant ; partout des draps d'or ou d'argent, des marbres, des tentures de Flandre, des joyaux, des plumes, des fleurs. Les femmes, depuis longtemps, ont rejeté le voile dont elles se couvraient le front; sur leurs beaux cheveux flottants, sur leurs robes de velours ou de satin brodées et rebrodées, ruisselle un flot de perles, d'ambre ou d'améthyste.

Si quelque jeune fille se revêt d'habits plus simples, on ne peut se la figurer que sous les traits enchanteurs de la *Primavera*. Elle passe radieuse comme une fée; son ciel est tout azur et ses longs cheveux épars sont couronnés de fleurs. A cette jeunesse enivrée de la vie, il faut des joyaux ou des roses. Camille elle-même, qui a rejeté les ornements mondains, sourit encore aux fleurs et les compare aux grâces célestes.

La Renaissance, même au début, a surtout transformé l'Italienne des hautes classes. Durant le moyen âge, la femme vivait dans son intérieur, n'en sortant guère que pour se rendre à l'église ou pour présider quelque tournoi. Tout à coup, elle reçoit une éducation presque virile; « on l'exerce à chevaucher, à courir, à jouer de la paume sur la pelouse, à

4.

toucher d'une viole en bois de santal, à danser et à broder avec des aiguilles d'or [1] ».

Élevée à côté de ses frères, elle s'aperçoit bientôt que son esprit est d'une trempe plus subtile ; elle apprend, en se jouant, le latin, le grec et l'hébreu. Comme la grand'mère de Camille, elle monte dans une chaire, enseigne publiquement la philosophie et se fait applaudir. Comme Blanche d'Este, elle versifie en latin, en italien et en grec. Comme Battista di Montefeltro, elle reçoit l'hommage des œuvres les plus savantes.

Et pourtant si érudite qu'elle soit, elle garde tous les charmes de la femme. Fière de sa beauté dont elle sait le prix, forte de son intelligence dont elle sent la valeur, elle exige à la fois l'amour et le pouvoir. Son règne sera éphémère, mais enchanteur.

Camille pouvait-elle échapper à ce doux enivrement ? N'est-elle pas comme la reine et la fleur des Apennins ? Peu importe que

1. *Le Quattrocento*, par Philippe Monnier, t. I, p. 69.

les horizons de sa vie soient bornés; sa royauté n'en demeure que plus incontestée, et son parfum plus pénétrant.

Aussi la lutte avec elle-même est-elle violente, acharnée, lorsque le ciel la réclame pour le cloître. Tandis que Dieu la comble de faveurs, à nous rendre jaloux, le monde la retient par un charme dont il semble aujourd'hui avoir perdu le secret. A vingt ans, Camille passe du côté des choses éternelles; mais à son tour et comme par une juste revanche, il lui faut souffrir et lutter pour arracher le consentement de son père.

L'histoire n'a pas été juste envers Giulio Varani. Elle l'a mesuré aux étroites dimensions de son cadre que son génie pourtant débordait de toutes parts. Appelé successivement à la tête des forces pontificales, au commandement des troupes napolitaines, à la défense de Venise qui lui érigea une statue, recherché par Mathias Corvin, il fut en réalité l'un des plus grands capitaines de son siècle.

A l'heure où se dessinait la vocation de sa

fille, le succès de ses armes s'affirmait chaque jour et son orgueil insatiable rêvait pour Camille une de ces hautes alliances qui eussent assuré et soutenu sa propre gloire. Le rêve se dissipait sous le souffle divin, mais ni l'ambition du prince, ni le cœur du père ne pouvait s'y résigner. Dès lors commence la longue persécution dont la Bienheureuse parle à mots couverts. Le respect filial contient ses aveux et supprime les détails; on les devine lorsqu'on connaît la violence de cette époque si souvent traversée par d'horribles tragédies[1].

Cependant les colères de Giulio avaient leurs détentes; comme les natures facilement emportées, il cédait par lassitude ou par faiblesse et l'on se hâtait de mettre à profit le premier instant de relâche. A peine a-t-il donné son consentement à Camille, que la jeune fille se déclare prête à partir. Chez elle,

1. Pascucci, p. 57. — *Vita della B. Battista Varani*, del P. Vincenzo da Porto S. Giorgio, Bologna, 1874, p. 80, 81. — P. A. M. Marini, p. 48, 49, 50.

aucune hésitation sur le choix de l'ordre. Son âme, toute séraphique, suit l'immense courant d'amour que saint François d'Assise a jeté dans le monde entier. D'ailleurs, ce sont les franciscains qui, dès son enfance, l'ont orientée vers le ciel; et les traditions des Varani, comme celles du pays, s'unissent aux inspirations de la grâce pour la porter vers la religion de sainte Claire.

Quant au choix de la communauté Santa Chiara d'Urbino, il semble également désigné par la Providence. Le monastère, dont la fondation remonte à Élisabeth Varani, veuve de Piergentile, est devenu comme un asile ouvert aux princesses de la région. Là, Camille n'aura pas à subir le contact d'un milieu différent; elle vivra loin des obsessions de son père, et sous la haute protection de ses cousins, le duc et la duchesse d'Urbino.

Il y a peu de caractères, au xvᵉ siècle, plus nobles, plus chevaleresques que celui de Frédéric de Montefeltro, duc d'Urbino. Seul, peut-être, parmi les généraux de l'époque, il n'a jamais vendu son épée, il aime la science et les lettres autant que la guerre, et son peuple par-dessus tout. C'est, à la fois, le type du chevalier chrétien et le modèle du prince.

Tout au long de l'Adriatique les petites cours qui s'égrènent çà et là prennent modèle sur la cour d'Urbino; celle de Camerino la suit de loin et l'on sent que l'action et les conseils de Frédéric ont emporté les dernières résistances de son cousin Giulio Varani.

*
* *

Au jour fixé pour le départ de Camille, tout le peuple se répandit dans les rues. On voulait voir une dernière fois la petite reine de Camerino; on la bénissait à haute voix, on exaltait ses mérites et ses vertus et longtemps on la suivit du regard sur le chemin d'Urbino.

Elle partait avec ses deux cousines : Ginevra et Gerinda Varani, toutes trois ayant au cœur le même désir et le même but. Elles traversèrent, en priant, les hautes et sévères montagnes des Apennins où l'on n'entendait d'autre bruit que le pas de leurs chevaux et le son de leurs douces voix. Plus d'une fois, les dames ou les seigneurs qui leur faisaient escorte, les paysans même s'efforcèrent de les distraire ; jamais Camille ne leur prêta la moindre attention, jamais elle ne se laissa détourner de la pensée divine[1].

A Lorette, elle pria longtemps devant la statue miraculeuse. Ne devait-elle pas à Marie cette précieuse étincelle d'amour qui, maintenant, lui brûlait le cœur ? « Ce n'était, disait-elle, qu'une bien petite étincelle échappée à l'immense foyer de l'éternité. Et cependant elle avait suffi pour allumer dans mon âme un si grand feu d'amour et de joie que je n'en pouvais contenir ni supporter davantage. Je m'en allais, disant à Dieu : « Arrêtez, Seigneur, « assez, car je n'en puis plus ».

1. P. Maria Marini, p. 54, 55. — Pascucci, p. 81, 82.

Ce fut au cours de l'année 1481 que les trois cousines arrivèrent à Urbino. Camille était attendue comme une fille par le duc qui, selon la tradition, réclama le droit de la garder auprès de lui durant le temps de probation.

Sans doute, elle choisit la chambre la plus humble, la plus retirée dans ce beau palais ducal, construit par Frédéric; que de fois, néanmoins, elle dut entendre, au fond de sa retraite, l'écho des fêtes mondaines! Elle distinguait de loin les chants passionnés qui, naguère, s'envolaient de ses propres lèvres, et le son du luth ou de la viole, qu'elle touchait avec un art si émouvant. Mais aucun de ces souvenirs ne pouvait l'émouvoir elle-même; il lui semblait bien loin et mort à jamais, ce passé encore si récent.

Dans la ville, on ne la rencontrait guère qu'au pied des autels, où elle demeurait de longues heures en prières; puis elle regagnait sa chambre, sous les yeux de la petite cour d'Urbino qui déjà la vénérait comme une sainte. Le 10 novembre ses deux cousines,

Ginevra et Gerinda, la précédèrent dans le couvent de Santa Chiara. Elle l'avait exigé afin de leur laisser le choix des cellules et les premières places du chœur. Elle-même, arrivant la dernière, se mettrait au dernier rang; si elle avait connu et pratiqué jadis les mille ruses de l'orgueil, elle devenait maintenant ingénieuse à s'humilier.

Derrière les grilles du monastère se cachaient les deux filles d'Élisabeth Varani : Costanza et Francesca; Eufrosia Chiavelli, fille des seigneurs de Fabriano, Emeranziana Colonna, Chiara Capelli, de Venise, et Bernardina Baglioni, de Pérouse. Toutes étaient parentes ou alliées de Camille; toutes la reçurent comme une sœur, lorsqu'elle vint, le 14 novembre, frapper à leur porte et demander humblement l'habit de sainte Claire[1]. Il était aussi présent à sa vêture, le saint religieux auquel elle adresse le récit de sa vie, le Père Marco di Monte Gallo. Au cours de ce récit où le

1. P. Maria Marini, p. 56, 57. — Pascucci, p. 84.

latin se mélange parfois à l'italien, elle lui dit expressément : « Te teste, te praesente ». Et vraiment, ajoute-t-elle, je me sentais si heureuse d'être échappée aux lacets du monde, que j'aurais voulu m'écrier comme Marie, la prophétesse : « Chantons des cantiques au « Seigneur. » Sans doute, il en est beaucoup qui renoncent au monde aussi volontiers que je l'ai fait, mais plus joyeusement et de meilleur cœur, je ne puis le croire. »

En même temps qu'elle rejetait ses habits mondains, Camille abandonnait son nom pour prendre celui de Battista. Était-ce en l'honneur de saint Jean Baptiste? ou pour rappeler la mémoire d'une autre Battista, sa cousine, morte en odeur de sainteté? Nul ne le pourrait dire; mais dès lors Camille Varani avait vécu; sœur Battista naissait à une vie nouvelle dont elle continuera le récit avec sa grâce féminine et sa brûlante ardeur.

« C'est dans la solitude, dit-elle, qu'il faut se retirer pour entendre le chant des oiseaux, respirer le parfum des fleurs et découvrir les demeures secrètes des animaux les plus divers. Et moi, c'est dans le monastère d'Urbino que j'ai rencontré le chant très suave des louanges divines, la beauté incomparable des saints exemples, enfin, si j'ose le dire, le nid caché des secours et des faveurs célestes [1].

« Doucement poussée par l'Esprit-Saint, je sentis naître en moi un désir ardent de pénétrer jusqu'au centre du désert, c'est-à-dire jusqu'au cœur de mon très doux Jésus pour y découvrir ses plus intimes souffrances. Je renonçais volontairement à toutes les douceurs, toutes les consolations divines, non certes que j'en fusse rassasiée ou par dégoût comme ce peuple ingrat : le peuple juif. Mais parce que je sentais profondément mon indignité. Je craignais, d'ailleurs, que ces payements anticipés ne fussent pris sur le capital de ma fortune éternelle.

---

1. *Le Opere spirituali,* p. 82, 83.

« Je suppliais donc le Seigneur de me faire
goûter au pain amer de sa douloureuse
passion et de me faire boire à longs traits
dans son calice d'amertume. Je le conjurais
de m'en abreuver, de m'en nourrir, de m'en
rassasier. C'était là toute la faim et toute la
soif de mon âme, en sorte que je pouvais
dire de même que l'épouse du Cantique :
« Un bouquet de myrrhe sur mon cœur,
« voilà mon bien-aimé. »

« Je résolus aussi d'employer mes heures de prières, à méditer la passion de
Notre-Seigneur. Je ne voulais plus avoir
d'autre occupation, ni d'autre pensée. Toutes
les forces vives de mon âme, je les rassem-
blais en moi pour me plonger dans l'océan
d'amertume qui inonda le cœur de Jésus et
pour m'y perdre à jamais.

« O bon Jésus, ce n'était pas merveille, si
je désirais pénétrer dans votre cœur, car je
savais que mon nom s'y trouvait inscrit.
Vous avez voulu me le montrer alors que
je ne pouvais croire à votre amour envers

une créature telle que moi. Comme pour vous excuser et m'expliquer cet amour, vous m'avez dit : — « Je ne puis faire autrement, que « de t'aimer ; je porte ton nom écrit dans « mon cœur... Regarde. » Et à travers la plaie de votre côté, vous m'avez laissé lire ces mots, si consolants pour moi : « Ego te di- « ligo, Camilla »... O ma pauvre âme, pourquoi ne prends-tu pas courage au souvenir de cette bonté et de ce grand amour de ton bien-aimé ?

« Tandis que je méditais à Urbino la douloureuse passion du Christ, je fus introduite, par une grâce admirable, dans l'intimité de son cœur souffrant. C'est un océan de tristesse où nul ne peut naviguer de lui-même. Que de fois j'aurais été submergée dans cette mer douloureuse, si Dieu ne m'eût soutenue de sa puissante main ! A supporter un tel poids d'amertume, j'avais plus de peine encore qu'à ne pas succomber au doux fardeau des caresses divines, et maintes fois je m'écriai : « Assez, assez, mon Dieu ;

« ne voyez-vous pas que je succombe dans cet
« océan sans rivage et sans fond ? » — Alors
mon Dieu ne m'apparaissait plus comme un
doux paradis, mais comme un enfer de douleurs.

« Je ne m'étendrai pas davantage sur tout
ceci, me proposant d'y revenir plus tard. J'a-
jouterai une seule observation : bien que
mes peines intérieures, unies à celles du
Christ, fussent aussi écrasantes que mon âme
pouvait les supporter, avec le secours de
l'Esprit-Saint, cependant il me fut révélé
qu'elles étaient aux peines de mon Jésus ce
qu'est un grain de sable par rapport au ciel
et à la terre toute entière.

« Pendant les deux années où je demeurai
dans le monastère d'Urbino, mon âme, sous
l'action du soleil de justice, fleurit comme un
parterre et s'embauma de pieux et saints désirs. J'aurais pu dire, moi aussi : « L'hiver
« a passé et les fleurs commencent à pa-
« raître sur notre terre[1]. » Parmi ces fleurs

1. Cant., v, 12.

s'épanouissait celle qui embauma mon âme dès le principe de ma conversion : le brûlant désir de la souffrance. Plus que tout autre, ce désir fut cultivé par la main royale du Christ béni.

« A cette époque, j'eus plus d'une fois la mort sur les lèvres, et néanmoins je disais souvent au Seigneur : « O mon Dieu, « quand me conduirez-vous dans les déli- « cieux jardins d e la souffrance, dans les « riches pâturages où se nourrissent vos bre- « bis bien-aimées? C'est trop longtemps dif- « férer d'accomplir vos promesses. En grâce, « ne tardez pas davantage; je n'ai plus de « patience et je ne puis attendre. — Est- « ce que mes péchés vous feraient repentir « de votre promesse? Ah! Seigneur, ne me « privez pas d'un si grand bien. »

« C'est alors que tomba sur mon âme l'épreuve de mon amère profession, amère, je puis l'appeler ainsi, à cause de l'horrible tempête qu'elle provoqua et qui bouleversa tout, les frères comme les sœurs, les sécu-

liers comme les religieux. Quelle fut l'issue
de la tourmente? Pour de bons motifs, je
n'ai pas à l'écrire, et je demande qu'on ne
cherche point à interpréter les raisons de
mon silence. »

Moins discrets que la Bienheureuse, ses
historiens achèvent le récit commencé et
interrompu. Giulio Varani n'avait laissé partir sa fille qu'avec l'espoir de la reprendre
un jour. Sur l'avis qu'elle allait prononcer
des vœux solennels, il voulut tenter un dernier effort, les circonstances lui paraissant
favorables. Il mariait sa seconde fille, Emi-
lia, à Rainuzio Ottoni, seigneur de Mate-
lica; l'exemple de la sœur cadette n'agi-
rait-il pas sur l'esprit de l'aînée? Du côté
des Montefeltro nul obstacle à redouter; le
duc Frédéric venait de mourir et son fils Guidobaldo, encore adolescent, ne songeait guère
à défendre la jeune novice. Enfin, le nom du

prétendant qui s'offrait pour Battista, bien que l'histoire n'en ait gardé aucune trace, pouvait tenter l'ambition de la fille, comme il avait séduit l'orgueil du père[1].

Une fois de plus, ces deux volontés ardentes, tenaces et lancées par deux forces contraires, allaient se heurter de front. Toute la région, tremblant devant le seigneur de Camerino, hésitait à soutenir Battista. Elle seule ne tremblait pas; forte de la volonté divine, elle fit tête à l'orage et telle fut sa résistance que Giulio dut céder.

Ce n'était, d'ailleurs, que pour reporter la lutte sur un autre terrain. Comme père, il réclamait sa fille. Il offrait de lui bâtir un couvent à Camerino, mais il exigeait qu'elle ne suivît pas la règle sévère des clarisses, « sa faible constitution, disait-il, ne pouvait résister à de telles austérités ».

Sœur Battista répondit fièrement qu'elle était fille de sainte Claire et qu'elle ne suivrait

1. P. Marini, p. 66, 67, 68, 69. — P. Vincenzo da Porto S. Georgio, p. 102, 103, 104.

jamais d'autre règle que celle des clarisses.
Elle repoussa de même les rentes dont son
père voulait doter le nouveau monastère. Au
nom de la sainte pauvreté, elle consentait à
recevoir l'aumône, jamais une donation régu-
lière.

Pas à pas, elle gagnait le terrain que son
père lui disputait, tantôt par ambition et
tantôt par amour. Durant ce conflit, elle trouva
de puissants auxiliaires dans ses deux supé-
rieurs : le Père Marco qu'elle appelle avec
une charmante bonhomie « il mio padre vec-
chiarello » et le Bienheureux Pietro da Mogliano. L'un était provincial de la contrée,
l'autre allait lui succéder dans cette charge.
Tous deux, d'une haute sainteté, agirent puissamment sur l'esprit de Giulio. Le pape lui-
même fut instruit de la cause et parla pour
Battista, mais en dernier lieu, ce qui triompha
de l'opposition paternelle, ce fut la tendresse
du père pour la fille. Plus elle lui résistait,
plus il se retrouvait en elle, avec sa forte
volonté et sa vaillante nature.

Un jour vint où il ne demanda plus à cette fille bien-aimée que de se rapprocher de lui ; dans son désir de la revoir, il cédait sur tous les points discutés [1].

En 1483 Battista fit profession à Urbino, tandis que son père jetait les fondations du nouveau monastère de Camerino. A voir la rapidité avec laquelle furent poussés les travaux, on sentait l'impatience du fondateur. Vers la fin de l'année, le couvent s'élevait contre l'église de Santa Maria Nuova qui allait lui servir de chapelle et les portes du cloître étaient prêtes à s'ouvrir.

Le Père Marco fut d'abord envoyé en éclaireur. Il inspecta les bâtiments dont il se déclara satisfait ; puis il demanda que l'aumône concédée aux clarisses, leur fût livrée en nature, afin de mieux sauvegarder la vertu de pauvreté. Le 2 janvier 1484, Battista rentrait dans sa patrie, avec l'une de ses compagnes : Pacifique de Camerino, future abbesse du mo-

1. P. Marini, p. 66, 67, 68, 69. — Pascucci. — P. Vincenzo da Porto, p. 101, 105, 106, 107.

nastère. Le 4, toute la ville était en rumeur pour recevoir l'essaim religieux qui arrivait d'Urbino. Il neigeait abondamment, disent les biographes, mais rien ne put refroidir l'enthousiasme du peuple et de la cour. Une longue procession conduisit les clarisses aux divers sanctuaires de la ville; on chantait des cantiques autour d'elles; on allumait des torches en signe de joie et, à chaque fenêtre, flottaient des tentures d'or ou de soie [1].

Devant l'église de Santa Maria Nuova, le seigneur Giulio remit les clefs du monastère au Père Marco, et, une à une, les clarisses disparurent dans le chœur. Aujourd'hui, à plus de quatre siècles de distance, les filles de sainte Claire y chantent encore les louanges de Dieu. Tout a passé autour d'elles; elles seules demeurent comme une marque visible et persistante de la faveur céleste.

Battista sentit bientôt qu'une bénédiction spéciale reposait sur ce petit coin de terre. —

1. Pascucci, p. 93, 94. — P. Marini, p. 77, 78, 79, 80.

« Il plut à Dieu, dit-elle, de m'en donner une preuve, pour ma consolation. Le second vendredi qui suivit notre entrée dans le monastère, j'étais avec sœur Constance, elle filant au coin du feu et moi cousant, lorsqu'elle se prit à chanter ce cantique de notre père saint François : *Anima benedetta dell' alto Creatore.* Je lui donnais la réplique et, après avoir écouté la première strophe, je chantais la seconde. Quand elle en vint à ces paroles : *Risguardo quelle mani, Risguardo quelli piedi, Risguardo quello lato.* Je ne pus aller plus loin. La parole mourut sur mes lèvres et je tombai évanouie dans les bras de la sœur. Elle crut d'abord à un accident physique, à une faiblesse, telle que j'en avais eu plus d'une fois.

« Elle se trompait. J'avais été comme frappée de vertige en voyant tout à coup la très sainte Vierge qui tenait dans ses pauvres bras maternels le corps de son fils. J'avais la vision aiguë de la descente de croix. J'entendais distinctement les tristes lamentations de la Mère des douleurs. J'entendais la plainte amoureuse de Madeleine et le cri : « Rabboni », qui jaillissait de ses sanglots. Je distinguais les pleurs du disciple bien-aimé et sa voix gémissante disant tout bas : « O mon Père et « mon frère ; ô mon doux Maître ! » Et de même pleuraient et gémissaient les autres Maries [1].

« Je demeurai en face de ce cruel spectacle depuis l'heure de complies jusqu'à une heure du matin, et plus. J'y serais demeurée toute la nuit, si je ne m'étais fait violence pour revenir à moi et mettre fin à l'inquiétude de mes sœurs. Malgré mon ravissement, je m'apercevais de ce qu'elles souffraient. Leurs soupirs, leurs plaintes m'arrivaient, tantôt distinctement, tantôt faiblement, comme la trame légère d'un son lointain qui se meurt. Mais lorsque les sanglots de la Vierge s'élevaient de plus en plus déchirants, alors je n'entendais rien de ce bas monde, et il me semblait que mon âme allait se fondre.

1. *Le Opere spirituali della B. Varani*, p. 37, 38.

« Une fois revenue à mes sens, je demeurai si lasse, si défigurée que, pendant plus de quinze jours, je ressemblai à un cadavre arraché du sépulcre.

« Bien qu'une telle vision me laissât le cœur déchiré, elle me parut un signe certain que Dieu approuvait mon retour à Camerino. S'il l'eût désapprouvé, m'aurait-il accordé cette faveur que je pouvais, que je devais envisager comme une preuve incontestable de son amour ? »

CHAPITRE IV

LES ANGES ET LA PASSION DU CHRIST

Intimité de Battista avec la Vierge, les anges et le divin Crucifié. — En 1487, Notre-Seigneur dicte à Battista le récit
de ses douleurs spirituelles.

Dans les visions précédentes, la Bienheureuse décrit, non seulement avec l'âme d'une
sainte, mais avec le sens d'une artiste, ce
qu'elle a vu ou entendu. Son récit trahit une
nature fine, cultivée, vibrante, que la forme
saisit et charme encore, et qui sait la rendre
de même que les maîtres de l'époque savaient
reproduire leur idéal.

Mais bientôt, Dieu appelle son élue en des
régions plus élevées. Elle monte et plane
comme l'aigle à des hauteurs où nos regards
peuvent à peine la suivre. Elle seule nous

redira ce que son âme y a vu, senti, souffert.

« O Seigneur, mon Dieu, s'écrie-t-elle, je
veux, pour votre gloire et à ma confusion,
révéler les trésors de votre magnificence. Et
vous, Esprits angéliques, vous dont j'ai à re-
dire la bonté et la courtoisie envers mon âme
ingrate, assistez-moi, je vous en conjure, pour
que je ne parle que selon la vérité.

« Peu de temps après mon retour à Camerino, je vis apparaître deux anges dont les
vêtements étaient d'une blancheur céleste et
les ailes tout en or. Ils emportèrent mon âme
dans les airs et la placèrent aux pieds cru-
cifiés du Fils de Dieu. Là, ils la retinrent
plus de deux mois, durant lesquels il me semblait que mon corps seul se mouvait, sans
l'âme qui l'habitait naguère. Lorsque le temps
fixé par cette douce retenue de mon âme fut
écoulé, les anges me la rendirent, mais si
brûlante de dévotion envers eux, que je ne
voulais avoir d'autre pensée et d'autre con-
versation que celles des anges. Je les con-

jurais de m'envoyer l'un d'eux, comme ils l'avaient fait jadis au prophète Isaïe [1].

« Longtemps je priai, je suppliai en vain, mais un jour je tournai ma prière vers la douce mère de Dieu, et, avec une sainte impatience, je lui dis : — « Très douce Mère, « je sais que vous êtes la Reine des Anges et « qu'ils obéissent à tous vos ordres. Com- « mandez, je vous en prie, à l'un des Séra- « phins de voler jusqu'à moi, de même que « l'ange Gabriel vola vers le prophète Isaïe. « Vous savez, *dolce Madonna mia,* quelle est « la force, l'ardeur de mon désir. » Et sans me laisser longtemps prier, elle me promit de m'exaucer; ce qui me fut une telle joie que tout mon cœur baignait dans l'allé-gresse.

« Quelques jours plus tard, comme je me trouvais en oraison, il me vint à l'esprit de méditer sur le grand amour de Dieu envers sa créature. Ce mode d'oraison ne m'était

1. *Le Opere spirituali della B. Battista Varani.* p. 43, 44, 45.

pas habituel, mais je laissais aller mon esprit du côté où Dieu l'attirait. Je commençais donc à chercher les marques de cet amour dans les choses les plus petites et les plus humbles, et voici que tout à coup je fus enlevée à moi-même et emportée jusqu'à la plus haute contemplation. J'entrai dans une mer si vaste, si profonde que plus d'une fois je souhaitais pouvoir reculer. Ce qui se passait en moi, n'était ni raisonnement, ni vision. C'était un état lumineux de mon âme qui ne se peut expliquer avec des paroles; toutefois, mon Père, j'essayerai de vous en donner une faible idée.

« Je vis d'abord que l'amour de Dieu envers nous, amour qui a prévenu le nôtre, qui a porté son Fils unique à souffrir pour nous, pauvres êtres formés de poussière et de fange, cet amour a créé une dette que jamais nous ne pourrons acquitter. Nos sentiments, d'ailleurs, au regard de ce qu'on doit à Dieu, sont si faibles, si misérables, qu'ils ressemblent à du mépris, nos louanges à des malé-

dictions, nos actions de grâces à des blasphèmes.

« Je vis que la glorieuse Mère de Dieu,
même en s'adjoignant ces deux immenses
multitudes : tous les anges et tous les hommes, ne saurait reconnaître, par sa grati-
tude, la production de la moindre fleur, car
il y a l'infini entre l'excellence, la sublimité
du Créateur et le néant de la créature.

« En contemplant les bienfaits que j'avais
reçus de mon Dieu, je me sentais descendre
dans un abîme vertigineux; et le désespoir
me prenait de mes pauvres œuvres qui me
semblaient fondues et réduites à rien. Alors,
je renonçais d'avance aux délices spirituelles, dans la crainte d'accumuler dettes
sur dettes, ingratitudes sur ingratitudes;
le Christ lui-même m'eût apparu que j'aurais, je crois, fermé les yeux pour ne pas
le voir.

« Prosternée contre terre, je priais le Seigneur de me tenir, jusqu'à ma dernière heure,
fixée et comme clouée aux pieds de Jésus

crucifié. Je lui demandai de me placer après ma mort, dans le lieu le plus conforme aux intérêts de sa gloire, protestant que, s'il me condamnait à l'enfer, heureuse, j'y descendrais. Sa sainte volonté, accomplie en moi et par moi, était l'unique objet de mon plus cher vouloir, elle était toute ma béatitude, toute ma récompense, toute ma gloire.

★
★ ★

« Après que cette grande lumière eut passé sur mon âme, elle y laissa un feu si brûlant qu'il semblait me dévorer, comme la flamme consume les objets qu'on y jette. Je sentais un violent désir d'échapper à la prison de mon corps et de m'envoler vers le Christ. Quitter ce monde, pour moi, ce n'était point subir la mort, c'était monter vers des noces triomphales, au chant des grandes orgues, *pulsantibus organis.*

« Je m'écriai alors avec l'Apôtre : « Oh !
« combien je désire voir tomber en ruines,

« mon misérable corps, afin de vivre avec
« le Christ! » Et à l'ardeur de ce désir je
sentais que mes vœux étaient exaucés : un
Séraphin avait volé jusqu'à moi et m'avait
touché l'âme de son aile.

« Cependant, tourmentée comme je l'étais
par la soif de mourir, je me répandais en
pleurs intarissables. Je conjurais le Seigneur de m'arracher aux misères de ce monde
et de m'appeler à lui. Un jour où mes instances étaient plus vives que de coutume,
mes larmes plus abondantes, le Christ béni
m'apparut avec un regard d'ineffable pitié.
Il prit mon âme pour la faire reposer sur son
cœur ; à diverses reprises, il murmura : « Ne
« pleure plus. » Et cela disant, il essuyait les
yeux de mon âme, car c'était mon âme qui
pleurait, bien que mon pauvre corps, lui aussi,
fût en émoi.

« Ces douces paroles du Christ, loin de
tarir mes larmes, semblèrent en raviver la
source. Je me fondais toute en pleurs. Ma
prière devenait de plus en plus intense pour

obtenir du Seigneur qu'il consentît à me délivrer. Et lui, de me répondre enfin : — « Non,
« je ne le puis pas encore. » — Il me montra
ses puissantes mains, étroitement enchaî-
nées, et il daigna s'expliquer, en me parlant
ainsi : — « Ces chaînes sont les prières que
« m'adressent tes frères et tes sœurs en saint
« François pour que je prolonge ta vie. At-
« tends et sois patiente. »

« Un autre jour où je me sentais dévorée
par ce feu spirituel, je me tournai mourante
vers les Séraphins. Je m'écriai en gémis-
sant : — « O doux Esprits, lorsque je vous
« demandais avec tant de ferveur de voler
« jusqu'à moi, je croyais qu'étant toujours en
« présence de Dieu, vous apportiez avec vous
« les joies du paradis. Et voici que je souffre
« des douleurs intolérables depuis que vous
« êtes à mes côtés ?

« Doucement, comme à une amie, les anges
me répondirent : — « Ce qui fait ton sup-
« plice est précisément ce qui cause notre joie.
« Tu brûles du feu de l'amour, mais aussi long-

« temps que tu demeureras captive en ton
« corps, tu ne peux jouir de la présence divine.
« Tes souffrances sont d'autant plus cruelles
« que la flamme de ton désir est plus vive. Pour
« nous, le désir étant toujours uni à la pré-
« sence du Bien-Aimé, plus il est ardent, plus
« aussi croissent notre amour et nos délices. »

« Ils me firent comprendre leur intimité
avec le Seigneur, en m'affirmant qu'il semble
ne pouvoir se passer d'eux, comme eux-mêmes
ne pourraient vivre, un instant, loin de son
adorable présence. — « Entre Chérubins et Sé-
« raphins, ajoutèrent-ils, l'union est si étroite
« que les uns ne s'occupent point d'une âme
« sans le concours des autres. Tantôt ce sont
« les Chérubins qui volent, les premiers, jus-
« qu'à vous; tantôt ce sont les Séraphins.
« Mais en toi, c'est nous, les Séraphins, qui
« avons agi tout d'abord; et c'est pourquoi
« notre feu séraphique prévaut dans ton âme
« sur la lumière des Chérubins. »

« Je le sentais, en effet, si brillante que
fût cette lumière, elle était moins vive, moins

ardente que le feu d'amour dont je brûlai plus tard. Je compris aussi que des deux anges qui avaient ravi mon âme jusqu'aux pieds du Christ, l'un était Séraphin et l'autre Chérubin.

« Maintenant, mon Père, je puis le déclarer. Le sacrement de l'Eucharistie est vraiment le pain des anges : Et je le dis parce qu'après la visite angélique, il me resta un désir insatiable de ce divin sacrement. Je communiais alors tous les dimanches, mais ce n'était point assez. Pour assouvir ma faim, il m'aurait fallu communier chaque jour, et parfois je défaillais de tristesse en songeant à mon jeûne prolongé.

« A cette époque, toutes les voies de la céleste Sion paraissaient s'ouvrir devant moi. Je ne marchais plus, je courais dans ces voies, balayant les obstacles par la force de mes désirs et de mes prières. Alors j'avais, ou du moins je croyais avoir, un cœur angélique plutôt qu'humain, céleste plutôt que terrestre.

« Je résolus, par une grâce spéciale du

Saint-Esprit, de ne plus méditer que la passion de Notre-Seigneur, et de faire de mon existence entière un seul vendredi saint. J'espérais qu'après avoir pleuré tous les jours de ma vie sur la douloureuse passion, à l'heure de ma mort, le Christ me ferait goûter les joies ineffables de sa résurrection.

« Et depuis lors, je n'ai pas voulu qu'il y eût en mon âme la moindre différence entre fêtes joyeuses ou fêtes douloureuses. Même, le jour du vendredi saint, je n'ai pu ajouter quoi que ce fût à ma douleur et à mes larmes.

« Ainsi cette résolution de ne plus méditer que la passion du Christ avait abouti au résultat désiré. Ainsi se répondaient harmonieusement le commencement et la fin. Votre sermon avait inauguré ma vie intérieure, devenue un perpétuel vendredi saint, et maintenant, mon Père, je la ramène à son terme naturel, en la rapportant à vous, qui après Dieu avez été son principe. »

*
* *

Au cours de ses révélations, Battista parle surtout de son amour pour le Seigneur. Sans doute, il est intéressant de suivre l'histoire d'une âme et de ses progrès vers le ciel; mais combien l'amour de Dieu pour nous est plus intéressant encore! Combien il nous touche de plus près, tout en restant plus mystérieux, et souvent, hélas! plus difficile à croire! Pour beaucoup d'entre nous, la vie est si cruelle, qu'admettre la bonté et l'amour divins devient un acte de croyance presque héroïque.

Que de fois notre pauvre âme, terrassée par la main qui l'écrase, n'a plus qu'un cri monotone, désespéré pour demander grâce! Mais le ciel est d'airain, la main divine se fait toujours plus lourde et le sang jaillit de notre cœur, comme le fruit broyé sous le pressoir, donne sa vie en donnant toute sa sève. — Ah! ceux qui n'ont pas souffert jusqu'au désespoir et jusqu'à la mort, ceux qui n'ont pas chancelé au bord de l'abîme, ne connaissent pas la souffrance!

Et cependant cette main céleste il faut la baiser, la bénir, l'adorer; il faut confesser qu'elle est bienfaisante autant qu'elle est puissante.

Dans l'égarement où nous jette parfois l'excès de la douleur, il n'y a qu'une pensée qui puisse contenir notre révolte et apaiser notre désespoir : si Dieu nous condamne à des souffrances excessives, son divin Fils a pleuré sur nos larmes; il les a comptées et, d'avance, elles sont retombées sur son cœur, avec leur brûlante amertume. « Vous ne sauriez « croire, pauvre petite âme, disait-il à la Bien-« heureuse Varani, quelle est ma douleur, ma « compassion pour vous, lorsque je me vois « forcé de vous châtier, après tant de paroles « si tendres, tant de preuves que je vous ai « données de mon grand amour. »

Cette tendresse infinie ne s'adresse pas seulement à Battista; elle s'étend à tous les hom-

mes et devient la mesure des souffrances
dans le Verbe incarné. C'est ce que Notre-Seigneur lui-même explique à la Bienheureuse,
en lui révélant ses plus intimes douleurs,
révélations dont une lettre de Battista à son
confesseur, reproduit tous les termes.

Durant le moyen âge la passion du Christ
avait été la grande dévotion des âmes chré-
tiennes. On ne mourait point sans se la
faire lire à haute voix ; on voulait verser sa
dernière larme, exhaler son dernier soupir
avec le Christ béni, et surtout, à l'époque
où saint François d'Assise s'en allait pleurant
sur la mort du Sauveur, tous les yeux se
noyaient de larmes à la vue d'une croix.

Le xv° siècle était déjà loin de cette religion naïve et tendre, mais à plusieurs égards
il demeurait chrétien. Il tressaillit d'émotion
en lisant les pages que le Christ avait inspirées et qui semblaient achever le récit de sa
passion.

— « Ce que j'écris ici, dit Battista, me fut
révélé, tandis que je méditais la douloureuse

agonie de mon doux Maître. Lorsque le soleil arrive au signe du Lion, il s'embrase de toute la splendeur de sa lumière et de ses feux, car il circule dans son propre domaine. Ainsi lorsque le Christ béni entra en agonie au jardin des Oliviers, ses souffrances prirent une intensité qu'elles n'avaient jamais eue jusqu'alors ; son douloureux amour étant parvenu au point le plus élevé où monte la douleur humaine [1].

« Il me fut dit aussi qu'il y a la même différence entre la méditation des souffrances morales du Christ et la simple contemplation de ses tortures physiques, qu'entre le miel renfermé dans une coupe et les gouttelettes qui en humectent les bords. Quiconque veut se nourrir de la passion divine ne doit pas se borner à poser ses lèvres sur les bords de la coupe ; il ne doit pas s'arrêter à compter les plaies du Sauveur et à regarder jaillir son adorable sang. Jamais ainsi, il ne pourra satisfaire la faim qui le dévore. Mais qu'il

1. *Le Opere spirituali*, p. 131, 132. — Marini, p. 388, 389.

pénètre dans le divin cœur lui-même, là il trouvera de quoi se rassasier.

« Jusqu'ici je n'ai pas osé publier cette révélation, je craignais de troubler les âmes qui s'arrêtent à la contemplation de la croix, et qui y trouvent une nourriture suffisante. Ne navigue pas qui veut sur la mer sacrée du cœur de Jésus. Il faut pour cela une capacité rare, bien que Dieu l'accorde généralement à quiconque le désire et le cherche dans la vérité.

« O mon Père, vous ne sauriez croire combien il m'en a coûté pour retracer l'agonie morale du Christ. Je puis dire que de tels souvenirs ont produit dans mon âme une douleur vaste comme l'océan. »

Si vive, en effet, était l'appréhension de sœur Battista en face de cette tâche douloureuse, que maintes fois elle refusa de l'entreprendre, résistant aux prières sinon aux injonctions de sa Supérieure. Il fallut, pour l'y décider, que le ciel lui en donnât l'ordre formel et lui dictât les premières pages. Elle-même

le raconte au début de son récit : — « Un jour
que j'entrais en oraison, il me fut dit à l'oreille
du cœur : « Lève-toi et va écrire les douleurs
« de mon âme, durant la passion. » Je répondis, en m'excusant : « Seigneur, mais j'en
« suis incapable ! je ne saurais par où com-
« mencer et je ne voudrais, en aucune façon,
« avouer que c'est moi à qui vous avez confié
« le secret de vos douleurs. »

« J'entendis la voix s'élever de nouveau et
réitérer ses ordres : — « Écris et parle de toi-
« même comme d'une personne étrangère. »
Et la voix continua, me dictant les pages suivantes : — Il fut une âme affamée de trouver
sa nourriture dans la passion du très doux
Jésus. Après de longues années consacrées à
son amendement spirituel, elle fut admise, par
une grâce insigne, à explorer l'immense océan
des douleurs divines.

« Comme elle était en prière, elle dit au Seigneur avec une vive instance : — « O mon
« Dieu, je vous en supplie, introduisez-moi,
« submergez-moi dans les flots d'amertume

« que renferme votre cœur. Que j'y sois
« plongée jusqu'à la mort, car j'ai soif d'y
« mourir, à la douce vie de mon âme. Dites-
« moi, Jésus, mon Espérance, dites-moi ce
« que furent les tortures de votre cœur sacré. »

« Et le Christ béni répondit à cette âme :
« Telle fut ma tendresse envers les hommes,
« telle aussi fut la douleur de mon âme. L'une
« devait être comme la mesure de l'autre,
« également vive, ardente et immense. »

CHAPITRE V

DOULEURS SPIRITUELLES DU CHRIST

Tortures du supplicié dont les membres sont arrachés. — Membres morts. — Membres vivants. — La très sainte Vierge. — Marie Madeleine. — Judas et Jean l'Évangéliste. — Amour infini de Jésus pour ses amis.

Lorsque la Bienheureuse entendit le Christ donner comme mesure de ses douleurs, son amour envers les hommes, elle défaillit de compassion et d'angoisse. Elle connaissait si bien l'immensité, l'infini de cet amour! — « O « mon Dieu, s'écria-t-elle, je comprends main- « tenant ce que fut le flot débordant de vos « douleurs. Daignez aussi, je vous en conjure, « me faire connaître chacune des peines qui « meurtrirent et accablèrent votre cœur. »

— « Ma fille, répondit la voix divine, les

peines que j'ai portées dans mon cœur furent innombrables, car innombrables sont les âmes qui se détachent de moi, le chef de ce corps dont elles étaient les membres [1].

« La vision de ces pauvres âmes fut une de mes douleurs les plus poignantes. Songe au supplice du malheureux à qui l'on arrache les membres un à un, par violence; ce fut mon supplice de me sentir arracher toutes les âmes qui se perdent pour toujours, et celles qui, même pour un temps limité, se séparent de moi.

« Ah! combien la douleur de se voir arracher une âme, l'emporte sur les souffrances du corps que l'on mutile! Elle dépasse ces souffrances autant que l'esprit dépasse la matière. Et personne ne peut apprécier la haute noblesse de l'âme et connaître la bassesse du corps, sinon moi qui ai créé l'une et l'autre.

« Tu ne saurais donc comprendre, ma fille, ni toi, ni personne au monde, l'horreur de ce

1. *Le Opere spirituali*, p. 108, 109, 110, 111, 112. — Marini, p. 365, 366, 367.

que j'ai souffert. Comme, parmi les péchés mortels, les uns sont plus graves que les autres, comme il y a différentes manières de les commettre et des circonstances qui en accroissent la malice, les séparations plus ou moins profondes qu'ils opèrent m'ont causé des blessures plus ou moins douloureuses. De là vient aussi qu'en enfer les tortures sont diversement graduées, diversement horribles, selon le nombre et la gravité des crimes à punir.

« Hélas! la volonté des damnés demeure éternellement perverse; et je savais que, pour cette raison, leurs supplices seraient éternels. Ce fut la plus cruelle de mes douleurs : prévoir que ces pauvres âmes, arrachées de moi, leur véritable chef, *jamais, jamais, jamais* ne pourraient me revenir. Ce terrible *jamais*, voilà ce qui tourmente et tourmentera éternellement les malheureux damnés; voilà le supplice qui, plus horrible, plus épouvantable que tous les autres, fait toucher le fond de l'enfer.

« Dans l'amertume de ma douleur, j'aurais volontiers consenti à souffrir de nouveau, avec leurs déchirements divers, ces cruelles séparations, passées, présentes et futures, non pas une fois, mais une infinité de fois, non pas même pour recouvrer toutes ces âmes, mais pour en racheter une seule, la réunir à mes membres et la faire vivre de ma vie; car c'est moi qui suis la vie de tout être vivant.

« Maintenant, ma fille, tu peux juger combien m'est chère et précieuse l'âme humaine. Il faut aussi que tu le saches; le supplice de cet horrible *jamais* tourmente tellement les malheureux damnés que tous voudraient souffrir mille enfers à la fois, pour recouvrer l'espérance de m'être réunis un jour. Mais, hélas! leur séparation est sans retour possible.

« Telle fut ma première peine intérieure. Depuis ma conception jusqu'à ma mort, elle ne m'a pas quitté un instant; elle fut le premier bourreau attaché à mon âme. »

Émue et silencieuse, Battista écoutait les paroles divines; à son tour elle osa lever la voix et interroger avec la naïve confiance des saints :

« O Jésus si affligé, s'écria-t-elle, j'ai sou-
« vent entendu dire que vous aviez porté et
« souffert toutes les peines des damnés. Mais
« je désire encore savoir de vous, très doux
« Maître, si vous avez enduré les tourments
« de l'enfer. Avez-vous senti le froid, la cha-
« leur, les horribles brûlures du feu, les mor-
« sures des esprits infernaux? »

— « Non, ma fille, je n'ai pas éprouvé les
supplices des damnés, au sens où tu l'entends.
Ceci même ne pouvait être, puisqu'il s'agit de
membres morts et séparés de moi qui suis leur
chef vivant. Si l'un de tes membres, dévoré
par un mal inexorable, était condamné à être
coupé, tu en souffrirais cruellement jusqu'à
l'heure où l'amputation serait faite. Mais le
membre une fois retranché, on pourrait le
plonger dans le feu, le déchirer en morceaux,
le jeter en proie aux bêtes féroces, sans te faire
subir aucune souffrance. Ce ne serait plus
qu'un membre mort, devenu complètement
étranger au corps.

« Et cependant comme ce membre a fait

partie de toi-même, tu ne pourrais rester insensible à le voir ainsi, brûlé, déchiré ou dévoré par les animaux sauvages.

« De même les damnés ont fait partie de
mon corps; ils ont été mes membres. Tant que
ces pauvres âmes qui se détachaient de moi
par le péché, vivaient encore ici-bas et con-
servaient le pouvoir de me revenir, je ressen-
tais tous leurs maux, je partageais toutes leurs
peines. Mais après que la mort eut consommé
la séparation et rendu le retour impossible,
je ne sentis plus leurs souffrances. Désormais,
c'étaient des membres voués à la corruption,
coupés, taillés, séparés, ne pouvant plus vivre
en moi. Ils étaient à jamais excommuniés de
la vie éternelle.

« Je souffrais pourtant — et d'une souffrance
inexprimable — en voyant ces pauvres damnés
qui avaient été mes propres membres, devenir
la proie du feu et des esprits infernaux...

« Mais ce ne sont pas seulement les damnés,
ce sont aussi les prédestinés qui m'ont déchiré
le cœur. Tous ceux qui, par le péché mortel,

s'arrachent de moi, ne fût-ce que pour un temps, ont été mes bourreaux à la manière des damnés.

« Plus grand était l'amour que je devais porter éternellement à mes élus, plus haute était la vie bienheureuse à laquelle ils s'unissaient en faisant le bien, et dont ils se détachaient en faisant le mal, plus grande aussi, plus vive était ma douleur en les voyant se détourner de moi.

« Je sentais, d'ailleurs, toutes leurs peines, et durant leur vie et après leur mort. Je souffrais les tourments des martyrs, les mortifications des pénitents, les angoisses de ceux qui étaient tentés, les souffrances des malades. Je partageais l'infamie dont on les accablait, les fatigues qui les brisaient. Enfin j'éprouvais toutes les douleurs de mes élus encore pèlerins sur la terre. Et le nombre de ces élus est incalculable de même que la diversité de leurs épreuves.

« Suppose, ma fille, que tes membres se comptent par milliers, et que tous soient torturés à la fois, et chacun en particulier ; par des tourments aussi nombreux que variés, ne serait-ce pas là un supplice intolérable ? Pourtant ce n'est point par milliers, mais par un nombre presque infini que se comptent mes membres et les souffrances qui les déchirent. Elles sont innombrables, les peines des martyrs, des vierges, des confesseurs, de tous les prédestinés ! Si personne ne peut les compter, personne aussi n'est capable de sonder l'abîme de douleur où me plongeait cette cruelle vision.

« Même, après la mort de mes élus, je souffrais des supplices qui leur restaient à subir dans le purgatoire. Ce n'étaient pas des membres morts, séparés de moi-même comme les pauvres damnés ; c'étaient des membres vivants, unis à moi, dont par conséquent j'endurais les souffrances d'expiation. »

A ces mots, la Bienheureuse, faisant un retour sur ses propres fautes, s'écria, baignée de larmes : « O mon Dieu, combien je vous « aurai fait souffrir, soit que je me damne, soit

« que votre miséricorde daigne me sauver !
« J'ignorais que le péché pût vous atteindre
« aussi douloureusement. Si je l'avais su, je
« ne vous aurais pas offensé avec une telle
« insouciance. Et cependant, Seigneur, ne
« tenez pas compte de cette excuse, car
« seule, votre main compatissante peut me
« retenir ; sans elle, je serais capable de
« commettre des fautes plus graves encore
« que celles du passé. »

*
* *

— « Écoute, ma fille, reprit la voix divine,
écoute ce qu'il me reste à te confier de mes
douleurs.

« Quel glaive aigu me traversait le cœur
lorsque j'envisageais la torture imposée à ma
mère, par ma passion et par ma mort ! Je
savais que personne ne souffrirait de mon
supplice aussi douloureusement qu'elle en
devait souffrir. Dans le ciel, nous l'avons

couronnée de gloire, élevée au-dessus de tous les anges et de tous les hommes, car telle est la règle de la justice divine : plus une créature est affligée, humiliée en ce monde pour l'amour de moi, plus elle est exaltée et béatifiée au royaume éternel : Or, comme personne ici-bas n'a souffert pour moi autant que ma très douce mère, personne aussi ne l'égale dans la gloire.

« Sur la terre, elle fut comme un autre moi-même en partageant mes opprobres et mes douleurs ; maintenant, elle est encore un autre moi, par la gloire et la puissance. Mais souviens-toi, ma fille, qu'elle ne participe point [1] à la Divinité dont aucune créature ne saurait être participante. La Divinité n'appartient qu'à nous : Père, Fils et Saint-Esprit.

« Même en ce monde où ma mère bien-aimée sentait et partageait chacune de mes douleurs, je souffrais, dans une mesure plus

---

1. Par nature.

parfaite et plus élevée qu'elle, parce que j'étais
Dieu et homme tout ensemble, tandis qu'elle
était une simple créature.

« Oh! combien j'aurais voulu prendre sur
moi ses tristesses, ses tortures de cœur, et
l'en décharger! C'eût été pour mon âme une
consolation ineffable ; mais je ne devais trouver
aucun soulagement dans mon cruel martyre.

« Qui dira aussi ce que j'ai souffert en
voyant l'affliction de ma fille chérie, Marie-
Madeleine? C'est un autre mystère douloureux, car la perfection de mes sentiments à
moi qui suis l'Amour-maître, et sa douce affection, à elle, ne peuvent être connues et
comprises que de moi seul. Notre mutuelle
amitié a servi de principe et de fondement
à toutes les amitiés spirituelles des bienheureux. Ils peuvent s'en faire une idée, ceux
qui ont l'expérience du saint et spirituel
amour; mais atteindre à la hauteur des sentiments de Madeleine, nul ne le pourra jamais... Jamais il ne se rencontra un tel maître, ni une telle disciple; jamais il n'y eut

et il n'y aura, sur terre, une autre Marie-Madeleine.

« Sa compassion pour moi ne fut dépassée que par celle de ma mère; aussi ma mère et Madeleine furent-elles les premières à qui j'apparus, après ma résurrection.

« Lorsque Jean, mon disciple bien-aimé, reposa sur mon sein, durant la dernière cène, je lui découvris les bienfaits abondants de mon supplice et de ma mort. Il souffrit plus que tout autre de ce que je devais souffrir moi-même, mais sa compassion n'égala point celle de Madeleine, qui n'avait ni reçu, ni pu recevoir de telles révélations. Si Jean avait eu le pouvoir d'empêcher ma passion, il ne l'aurait pas fait, entrevoyant l'ineffable bonheur qui devait en résulter.

« Il n'en était pas ainsi de Madeleine. Elle ne connaissait d'autre bien que moi-même. Quand elle me vit rendre le dernier soupir, il lui sembla qu'elle perdait tout, au ciel et sur la terre; en moi seul elle trouvait espoir, amour, paix et consolation. Pouvais-je ne point porter dans mon cœur celle dont j'étais l'âme et la vie?

« Remarque combien furent différentes l'attitude de Madeleine et la conduite de mes disciples. Après ma mort, les apôtres, comme des hommes encore attachés aux choses de la terre, retournent à leurs filets. Madeleine, loin de revenir à son ancienne vie, ne veut pas s'éloigner de mon sépulcre. Elle n'a plus l'espérance de me posséder vivant, mais elle cherche mon corps, sachant bien que rien ici-bas, rien ne peut lui plaire sinon moi, son cher Maître, vivant ou mort.

« Elle quitte la douce présence de ma mère, ce qu'il y a au monde de plus désirable après moi, pour aller à la recherche de mon corps. Je lui envoie des anges avec la mission de la consoler; elle ne veut ni les voir ni les entendre. Et c'est ainsi que sont toutes les âmes qui m'aiment, me désirent, me recherchent vraiment. Elles ne peuvent trouver quiétude et repos qu'en moi seul, leur Dieu et leur bien-aimé.

« Telle qu'était la douleur de Madeleine, elle l'eût tuée, si ma puissance suprême ne l'avait soutenue par miracle. Ses souffrances se répercutaient douloureusement en mon cœur, mais je ne pus me résoudre à terminer sa peine et sa vie. Je voulais qu'elle devînt l'apôtre de mes apôtres; ce fut elle, en effet, qui leur annonça ma résurrection, comme à leur tour ils l'annoncèrent au monde entier. Je voulais faire d'elle le type, l'exemple parfait de la vie contemplative durant ces trente-trois années de solitude où elle connut les joies spirituelles, autant qu'ici-bas on peut les posséder, les goûter, les savourer. . . . .

. . . .

« Une autre douleur qui me déchirait l'âme, était la prévision de ce qu'il adviendrait de mes disciples à ma dernière heure. Je les voyais ébranlés, eux qui étaient les colonnes du ciel et les fondements de l'Église. Je les voyais dispersés comme des brebis sans pasteur. Je contemplais d'avance leurs tourments et leurs martyres, tout ce qu'ils devaient souffrir en mon nom. Et il est bon que tu le saches, ma fille, jamais père n'eut pour ses enfants, ni frère pour ses frères, ni maître pour ses disciples, un amour comparable à la tendresse dont j'enveloppais ces disciples, ces frères, ces fils bien-aimés.

« Tous les hommes, mes créatures, je les aime d'un amour infini ; néanmoins j'ai voué un sentiment spécial à ceux qui ont partagé ma vie mortelle. Aussi, je pensais bien plus à mes apôtres qu'à moi-même, lorsque je m'écriai au jardin des Oliviers : « Mon âme « est triste jusqu'à la mort. » Je savais que mes pauvres disciples erraient seuls, sans moi, leur Père et leur Maître, et ce premier abandon me serrait le cœur si douloureusement qu'il me parut une mort anticipée.

« Ah ! celui qui veut pleurer, qu'il lise et médite mes paroles au cours de la cène. Il ne pourra retenir ses larmes, quelque dure que soit son âme. Par ces dernières paroles adressées à mes disciples, je laissais respirer mon cœur si plein d'amour qu'il semblait prêt à se briser.

« Je voyais d'une vue claire, précise, le martyre que mes apôtres subiraient pour mon amour. Je voyais crucifier Pierre, décapiter Paul, écorcher Barthélemy, précipiter Jacques d'une terrasse du Temple,... et c'était moi seul qui devais être la cause de leurs supplices et de leur mort. Que faut-il de plus pour t'initier au secret de mes souffrances?

*
* *

« Entre toutes ces douleurs, l'une des plus cruelles fut la trahison de mon disciple Judas. Je l'avais comblé de tant de faveurs! Après l'avoir choisi comme apôtre, je lui accordai le don des miracles et le chargeai de dispenser les aumônes. Je vis naître en lui le dessein de me trahir et je redoublai d'amour et de tendresse, afin de gagner son cœur, mais rien ne put le toucher, rien ne l'attendrit.

« Lorsque, au jour de la cène, je m'agenouillai devant lui, pour lui laver les pieds, mon cœur se brisa. Je pleurai amèrement et j'arrosai de mes larmes les pieds de ce malheureux. « O Judas, lui disais-je en moi-même, « que t'ai-je fait pour que tu me trahisses avec « tant de perfidie? Voici donc la dernière « preuve que je te donnerai de mon amour. O « fils de perdition! Ne suis-je pas ton père et « ton maître? Pourquoi m'abandonner? S'il « te fallait trente deniers, que n'allais-tu les « demander à ma mère qui est aussi la tienne? « Elle se vendrait elle-même pour t'épargner « un crime et me sauver la vie. Judas, ingrat « disciple, je te baise les pieds, avec tant « d'amour, et dans quelques heures, tu me « donneras le baiser de trahison pour me « livrer à mes ennemis. — Je pleure... mais « c'est ta perte que je pleure, et non ma mort « et ma passion. Si je suis venu en ce monde, « c'était pour te sauver. »

« Tandis que mon cœur pleurait et s'épanchait ainsi, mes larmes ne cessaient de couler. Mais Judas n'en voyait rien. J'étais à genoux devant lui, la tête inclinée, et mes longs cheveux, retombant sur mon visage, cachaient les pleurs qui l'inondaient.

« Le père, qui voit mourir son fils, son fils unique, ne s'empresse-t-il pas autour de lui? Il se hâte de le servir et, laissant parler son cœur, il lui dit tout bas : « O mon fils bien-« aimé,... voici le dernier service d'amour qu'il « me sera donné de te rendre. » C'est ainsi que j'en usais avec Judas, ce fils que je savais à la veille de mourir éternellement. Je ne me contentais pas de lui baiser les pieds ; je les caressais amoureusement et les pressais sur mon visage.

« Seul, Jean suivait tous mes mouvements, avec son regard d'aigle. Je lui avais confié les mystères de ma passion, durant la cène, et en regardant couler mes larmes, il comprit de quelle source elles jaillissaient. Lorsque à son tour il me vit à genoux devant lui, son émotion ne put se contenir. Il me prit dans ses bras, longtemps il me tint embrassé, pleurant, sanglotant et me disant en son cœur, sans proférer une parole : « O cher Maître! Père « et frère bien-aimé! O mon Seigneur et mon « Dieu! comment avez-vous pu poser vos lè- « vres sur les pieds maudits du traître? Quels « exemples d'amour vous nous laissez en hé- « ritage! Mais nous, pauvres disciples, pour- « rons-nous les suivre, lorsque vous ne serez « plus là pour nous guider?... O Maître, je « vous en conjure, faites-moi grâce de ce der- « nier service que votre charité veut me ren- « dre. Mon cœur se fendra si je vous vois à mes « pieds, car toute preuve de votre amour me « rend plus inconsolable. »

« Ma fille, par la douleur de Jean, tu peux juger quelle fut ma propre douleur devant l'insensibilité, l'ingratitude de Judas. Celles des Juifs ne furent pas moins cruelles pour mon cœur. J'avais choisi ce peuple. Je le tirai de la servitude et des mains puissantes du Pharaon. Avec quelle tendresse je veillai sur lui dans le désert, le nourrissant d'un pain miraculeux, éclairant sa marche aux heures de la nuit et le protégeant, le jour, contre les ardeurs du soleil! De ma propre bouche je lui donnai ma loi, sur le mont Sinaï.

« Je voulus naître de sa race. Enfin, durant les trois dernières années de ma vie, je lui prodiguai les guérisons et les miracles. J'ai rendu la vue aux aveugles, l'ouïe aux sourds, la parole aux muets, la santé aux malades, la vie aux morts. Et, en retour de tant de bienfaits, j'entendis les Juifs crier comme dans une tempête de fureur : « Donnez-nous Barabbas. Nous ne voulons « plus de Jésus... Crucifiez-le! Crucifiez-le. » Il me parut alors que mon cœur se brisait.

« Personne ne sait, sinon par une dure expérience, combien il est cruel de recevoir tous les maux, de ceux-là même qu'on a comblés de tous les biens; pour exprimer cette douleur il n'est point de terme ici-bas. »

CHAPITRE VI

ÉPREUVE DE LA BIENHEUREUSE

Tentation de désespoir. — Quatre années de ténèbres. — Prophétie du Christ à ce sujet. — Avis et consolations qu'il dicte à sa servante. — Prière de Battista.

Comment expliquer qu'après tant de faveurs divines, la Bienheureuse soit tombée, durant quatre années, dans un abîme de désolation, presque de désespoir ?... Rien ne s'explique sur la terre... Nous ne comprendrons les divers chapitres de notre vie qu'à l'heure suprême, où le dernier feuillet échappera de nos mains glacées, et lorsque nous verrons le plan divin apparaître au grand jour de l'éternité. D'ici là, Dieu nous impose l'espérance comme l'acte de foi le plus parfait.

Il est d'ailleurs d'ordre providentiel que tout se paye ici-bas, surtout l'insigne faveur des visions célestes. Ne leur faut-il pas un contrepoids douloureux, ce que saint Paul appelait « les soufflets de Satan », pour que l'âme, ainsi favorisée, n'en conçoive ni orgueil, ni vaine exaltation?

L'origine de cette phase douloureuse nous reste inconnue, comme bien des faits dans la vie de Battista. Nous ne savons d'elle que ce qu'elle-même nous en dit; et son témoignage suffit pour nous permettre d'apprécier l'intensité de sa souffrance. Qu'ils ne lisent point ce récit, qu'ils n'écoutent pas ces cris désespérés, ceux qui n'ont jamais traversé une semblable agonie. Ils ne comprendraient pas que la sainte ait défailli sous le poids de sa douleur. Et cependant le Christ n'a-t-il pas proféré les mêmes plaintes lorsque, du haut de la croix, il cria : « Mon Dieu, mon Dieu, pourquoi m'avez-vous abandonné? »

Ce fut en 1490, au cours même de cette

épreuve, que Battista dut, sur l'ordre de son confesseur, écrire l'histoire de son âme. Mais dès la première confidence de ses joies spirituelles, elle s'interrompt brusquement; le contraste est trop grand, entre son bonheur passé et sa douleur présente. Avec toute l'éloquence de l'amour blessé, elle s'écrie : « O temps si heureux et si doux, pourquoi as-tu fait place à la tempête?... Où êtes-vous, paix incompréhensible, qui surpassez tout sentiment humain? Douceur ineffable,... miel du paradis, comment êtes-vous changés pour moi en fiel plein d'amertume?... O amour qui me faisais presque mourir de bonheur, pourquoi m'as-tu jetée dans toutes les horreurs d'une haine cruelle? Amitié divine, familiarité délicieuse, qui ne pouvez être ni expliquées, ni comprises, qu'êtes-vous devenues? O bras de mon époux si caressants et si doux, pourquoi m'avez-vous emportée si haut pour me laisser tomber dans les abîmes de l'enfer[1]?

1. *Le Opere spirituali*, p. 24, 25.

« Hélas! malheur à moi! après une telle chute, ô ma pauvre âme, ne demeures-tu pas comme brisée? Tu peux bien maintenant te lamenter, soupirer et pleurer ces tristes paroles : « Elle est assise en sa douleur, l'épouse « du Roi des Rois. Le voile de ses larmes « est toujours sur son visage, et il ne se trouve « personne pour la consoler. Tous mes pro- « ches m'ont fui ; dès l'aurore ils m'ont lais- « sée seule à me consumer de chagrin. Oh! « qui donnera à mes yeux une fontaine de « larmes et je pleurerai mon triste abandon, « mon veuvage et mon malheur. » Que le ciel et la terre pleurent sur moi. Pleurez aussi, vous, créatures raisonnables; et vous-même, mon Père, si votre cœur n'est pas de pierre, pleurez sur votre fille désolée et inconsolable.

« La voilà, cette plaie secrète qui me ronge le cœur et qui saigne toujours. Je vous la découvre aujourd'hui, car je ne peux plus la cacher. Guérissez-la, si vous le pou-vez, sinon ne me refusez pas la pitié, ce

baume qui console, et qui soulage la souffrance des blessures.

« De patience ou de force, je n'en ai plus.
Je sens mes os tout meurtris et martelés par
la douleur... Je suis comme enivrée par le
fiel de tant d'amertumes, et ne sachant plus
ni ce que je fais, ni ce que je dis, je vous
supplie, ô mon Père, de me pardonner s'il
m'échappe une parole inconvenante. »

Plus loin, Battista raconte à son père spirituel, avec la même douleur, mais avec un
calme relatif, le début de sa longue épreuve.
« Au mois d'août 1488, je me trouvais
engagée dans une guerre furieuse contre le
démon. Ignorante que j'étais des manœuvres
infernales, je ne pensais à rien moins qu'à
un danger quelconque. Et pourtant l'ennemi
était là. Pendant deux mois, il me trompa,
me laissant croire à ses fausses consolations,
et à ses apparitions fallacieuses. Dieu m'ouvrit enfin les yeux. Je me vis au milieu
d'une terrible bataille; de toutes parts, je
n'entrevoyais qu'ennemis innombrables, et

je sentais que, seule, la divine puissance pouvait m'arracher de leurs mains.

« Alors commença ma grande épreuve : le gouffre de l'enfer fermé depuis dix ans, s'ouvrit tout à coup. Un dragon en sortit, qui s'élança contre moi. Si vive était sa rage, qu'il semblait prêt à me dévorer. Mais la puissante main de Dieu, cette main qui jamais n'abandonne l'âme croyante, m'arracha, intacte et sans blessure, de la gueule infernale.

« Vous le savez, mon Père, si je fus sauvée de l'abîme, l'honneur en revient à la seule bonté du Seigneur. Rien ne peut être attribué à ma vertu ou à ma prudence. Cependant l'ennemi de mon âme, continuant la lutte, me priva de toute consolation divine et me déroba l'ineffable lumière du ciel.

« Je demeurai longtemps dans cette désolation, n'ayant aucun secours humain. Trois fois seulement, je pus m'entretenir avec mon saint et bienheureux Père Don Pietro da Mogliano; presque aussitôt la mort vint me l'enlever. Combien ce coup m'atteignit rudement !

J'ignorais qu'en me quittant, Don Pietro ne me laissait pas orpheline ; dès qu'il fut introduit dans les demeures éternelles, il frappa d'impuissance les démons, mes ennemis, et me fit rentrer en la douce voie de la vérité.

« Sans doute, ce fut à sa prière que le ciel m'inspira de m'ouvrir à vous, mon Père, et de vous révéler toute ma vie. Ce qu'il m'en coûta, au début de ce récit, Dieu le sait, mais depuis qu'il est terminé je me sens si paisible et consolée, que je ne cesse de bénir le Seigneur. »

Comme les êtres jeunes et qui n'ont pas longtemps souffert, Battista, au premier instant de répit, croyait à la fin de son épreuve. Le ciel, pur et serein, semblait écarter toute menace. D'ailleurs, vienne la tempête, l'âme, maintenant aguerrie, saurait la soutenir et la braver.

Hélas! Battista ignorait sa faiblesse. Elle allait, de nouveau, frémir devant l'orage et pousser les mêmes cris de désespoir. Jamais certaines natures ardentes ne sauront, de loin, pressentir l'intensité de leurs souffrances et l'égarement de leurs pauvres cœurs.

« Après le rude combat qui avait duré deux ans, écrit Battista, j'espérais obtenir la paix ou du moins quelque trêve ; mais cette espérance s'évanouit bientôt. A peine aviez-vous quitté Camerino, que la tempête se déchaîna de nouveau, plus violente qu'auparavant. Comme une grêle d'orage, les traits de Satan pleuvaient sur ma pauvre âme ; ainsi souffletée de toutes parts, elle s'affola et se cabra. Je me révoltais contre Dieu, lui imputant mes défauts, mes péchés, mes erreurs. J'osais discuter sa conduite à mon égard. J'osais même l'accuser de mensonge, lui et sa sainte Écriture !

« O mon Père, en lisant de tels aveux, vous penserez que votre pauvre fille a passé dans un enfer les six mois qui se sont écoulés depuis votre départ. Il n'est que trop vrai ; je me sens devenue comme infernale et diabolique. Et ce qui achève de me briser le cœur, c'est de n'avoir personne à qui confier ma peine, personne pour m'apporter la moindre consolation. Où êtes-vous, mon Père? En quel pays du monde avez-vous fui, alors que dans une agonie de désolation, j'appelle vainement votre présence? Je sème les larmes tout au long de ce douloureux récit, et, sans cesse, je répète les mêmes paroles gémissantes : « Arrêtez-vous, « vous tous qui passez par la voie du divin « amour; voyez s'il est une douleur pareille à « ma douleur. »

« Ah! que n'ai-je une voix assez puissante pour être entendue du monde entier! Je m'écrierais : « Serviteurs et servantes du Sei-« gneur, vous qui aspirez à l'amour parfait, « venez apprendre, de ma douleur, à vous « tenir dans l'humilité. Eussiez-vous reçu la « faveur de converser avec les anges, les « saints, la Bienheureuse mère de Dieu, et « avec Dieu lui-même, vous pourriez encore « tomber misérablement, et, comme moi, « toucher le fond de l'abîme. Que mon mal-« heur vous serve de leçon. »

*
* *

A qui s'étonnerait de ces cris de douleur et de désespoir, nous ne pouvons que rappeler l'histoire de Job. Les amis du patriarche ne furent-ils pas scandalisés de ses plaintes, aiguisées comme des blasphèmes? Ils le jugèrent et le condamnèrent sans pitié, et, à leur tour, ils furent condamnés par le Très-Haut qui prit la défense de son serviteur. « O Seigneur, « s'écrie saint Grégoire, quelle différence « entre notre obscurité et votre lumière! Vous « jugez que Job est vainqueur et bien heureux, « et nous avions cru qu'il blasphémait! Vous « jugez que ses amis sont coupables, et nous « avions cru qu'ils plaidaient votre cause! »

Ici-bas l'homme s'arrête aux paroles et aux apparences. Dieu voit le pauvre cœur blessé, torturé, agonisant, qui blasphème dans une sorte de folie, et l'excès même de cette douleur émeut sa divine pitié. Il sait que de tels cœurs sont plus près de l'aimer que d'autres plus indifférents, plus heureux ou plus calmes. Il sait que les plaintes ou les reproches sont parfois le langage de l'amour, et que le désespoir est proche de la détente et des larmes bénies qui nous rejetteront vers lui.

De même que tous les malheureux, la pauvre Battista se croyait vouée à l'inimitié divine. Plus elle aimait celui qui semblait la fuir, plus sa douleur s'exhalait en cris désespérés.

Nous ne connaissons pas la réponse de son directeur, mais nous avons la lettre qui, d'après la Bienheureuse, lui fut dictée par le Christ même, cinq ans avant l'épreuve. Dieu condescend à lui parler un langage presque humain, le langage qui peut le mieux agir sur la nature ardente et fougueuse de Battista. D'avance il la console et la soutient comme un père raisonne son enfant. Il lui remet en mémoire l'amour dont il l'a prévenue, la beauté morale de la douleur, le désir impatient qu'elle éprouvait de souffrir ; surtout il la prémunit contre le désespoir, ce côté le plus redoutable des grandes épreuves.

8.

« Ma fille, lui dit-il, puisque tu as manifesté la crainte de tomber dans le découragement durant l'épreuve, j'ai voulu te dicter cette lettre, afin qu'elle te soit comme un mémorial écrit de ma parole, comme un baume rafraîchissant sur tes cuisantes douleurs [1].

« Rappelle-toi, d'abord, que tu n'as pas été appelée par des paroles humaines, mais par la bouche même de Dieu et contre ta propre volonté. Rappelle-toi qu'au désir de faire le bien succéda dans ton cœur la soif ardente de la souffrance, et qu'aussitôt la maladie vint t'assaillir.

« Lorsque je priais au jardin des Oliviers, il plut à mon Père de faire passer sous mes yeux les cruelles douleurs que j'aurais à subir durant ma passion. Me dépouillant alors de toute volonté propre, je dis : « Fiat voluntas tua. » Et de cette brûlante oraison

---

1. *Le Opere spirituali. — I ricordi di Gesu,* p. 139, 140, 141, 142, 143. — Marini, p. 393, 394, 395. — P. Vincenzo da Porto, p. 281, 282, 283, 285.

je sortis si enflammé d'amour que, librement, je choisis de mourir dans les plus horribles supplices, pour l'honneur de mon Père et pour le salut des âmes. Trois fois je retournai à l'oraison, voulant apprendre à tous qu'il ne suffit pas d'une courte prière faite en passant, mais que je donne mon cœur à la seule persévérance.

« Souviens-toi que j'étais Dieu et que je vins du ciel sur la terre, pour souffrir. Cependant, en voyant approcher l'heure de ma passion, je fus comme forcé par la nature humaine, de m'écrier : « Mon père, s'il est « possible, que ce calice s'éloigne de moi. » Je te le dis aussi, ma fille, bien qu'à diverses reprises tu m'aies supplié de t'envoyer la souffrance, lorsque tu la verras de près, tu pousseras le même cri : « Transeat, si possi- « bile est. » Mais pourvu que tu ajoutes : « Fiat voluntas tua », il n'y aura rien dans tes paroles qui puisse me déplaire.

« Je t'ai donné l'exemple, je n'ai même parlé de la sorte que pour te consoler, t'excuser, toi et tous ceux qui frémissent devant la souffrance. Si, malgré cette crainte, tu persévères dans l'oraison, si, en retour de cet effort, la bonté divine daigne te révéler les douleurs qui t'attendent et t'enflammer au désir de les souffrir, alors la ressemblance entre nous sera si parfaite que mon Père se verra contraint, en quelque sorte, de t'aimer comme il m'aime.

« Remercie Dieu, et de tout cœur, des peines que son amour te prépare; pleure amèrement les épreuves qu'il écarte par la faute de ton ingratitude et de ta lâcheté à son service. Enfin, reconnais devant lui que tu ne mérites pas de devenir conforme à son fils bien-aimé, en marchant dans la voie du Calvaire. La pourpre sacrée de la souffrance, voilà la robe nuptiale dont je fus constamment revêtu, moi, l'époux de ton âme; et, en vérité, le don le plus précieux que Dieu puisse te faire, après la bonne volonté, c'est la souffrance. J'aurais pu, pour ma part, la fuir et l'éviter; tu le pourras aussi; mais sache-le, en la refusant, tu refuses le bien suprême. C'est pour avoir choisi de souffrir par amour que j'ai plu à mon Père; agis de même, si tu veux lui plaire et me ressembler!

« Au jardin des Oliviers, lorsque, tout embrasé de la flamme d'amour, je sortis de l'oraison, ce fut pour aller au-devant de mes ennemis; et toi aussi, va à la rencontre des tiens, sans trembler. Si je fus trahi par mon disciple, il faut que tu sois également trahie et trompée par ceux qui te sont chers. Surtout, garde le souvenir de ce que je te recommande : reste toujours plus sensible à la faute qui offense le Seigneur qu'à l'injure personnelle. Tel est mon amour pour toi, ma fille, qu'à l'époque où tu me traitais en ennemi, je sentais les injures qu'on t'adressait, comme faites à moi-même. N'ai-je pas le droit d'exiger en retour que tu demeures compatissante envers tes ennemis et touchée de l'insulte faite à Dieu?

« Au reste, si les créatures humaines ou les démons te font souffrir, c'est qu'ils ont reçu du Seigneur la permission de te traiter comme ils m'ont traité moi-même. Moi, le fils de Dieu, j'ai été délaissé, abandonné de tous. Le peuple que j'avais choisi m'a abreuvé d'opprobres et de tourments. Je fus traîné devant plusieurs juges, tandis que mes disciples fuyaient. Je fus dépouillé de mes vêtements et suspendu à la croix, où trois clous me retenaient. De même il faut que tu demeures dénuée de toute affection humaine, et comme clouée à la croix de la religion par les trois vœux d'obéissance, de pauvreté, de chasteté . . . .

. . . .

« Ma fille, tu n'as pu oublier le jour où Dieu t'apparut, dans sa miséricorde. Il t'adressa des paroles si tendres, si amoureuses que tu les écoutais comme enivrée, sans pouvoir les comprendre. Alors, la bonté divine, suspendant le cours impétueux de son amour, te fit sentir que ton âme n'était pas encore capable de recevoir de si hautes communications. « Je creuserai en toi, dit-elle, cette

« capacité de contenir les faveurs célestes,
« en y versant d'abord l'épreuve de la ma-
« ladie et de la tribulation ».

« Quand tu souffriras, ma fille, lorsque tu
te sentiras sous le pressoir, rappelle-toi que
de fois je t'ai serrée amoureusement dans mes
bras de père, que de fois je t'ai donné les
doux noms de fille, d'épouse et de sœur, et
avec un accent de tendresse qui te faisait
languir d'amour. Songe aux torrents de douceurs divines que j'ai versés dans ton âme et
que parfois ta faiblesse ne pouvait supporter.

« Souviens-toi aussi, pour te maintenir
dans l'humilité, que ces consolations spirituelles, si douces et si suaves, ne se peuvent
gagner par des efforts humains. Dieu seul
les donne quand il le veut, à qui lui plaît,
selon les conseils de sa sagesse et l'uti-
lité de l'âme. A toi, dont la nature est or-
gueilleuse et superbe, il lui a plu de les
accorder au début de ta conversion, alors
que tu n'avais pour capital que le péché et

la misère. Si tu les avais reçues, ces faveurs célestes, après les efforts accomplis et les épreuves souffertes, tu les aurais attribuées à tes mérites et tu tombais dans le piège de l'orgueil.

« Soit que le Seigneur t'appelle à l'action, soit qu'il te destine à la souffrance, témoigne-lui toujours la plus vive reconnaissance. C'est une grande grâce d'éviter le péché, plus grande encore de faire le bien, mais la plus grande de toutes est de pouvoir et de savoir souffrir pour l'amour de Dieu. Toutefois, tu ne pourrais acquérir aucun de ces mérites sans le secours divin. Ne le sais-tu pas déjà, par expérience? Si la douce main du Seigneur ne t'avait bridée et soutenue tout à la fois, tu n'aurais pu ni fuir le péché, ni produire le bien, ni supporter le fardeau de tes peines.

« Rappelle-toi, ma fille, avec quelle ardeur tu réclamais la souffrance. « C'est trop long-« temps, disais-tu, me faire attendre les « épreuves que vous m'aviez promises, Sei-« gneur; je n'ai plus de patience. » Songe à cette généreuse prière lorsque tu seras dans le supplice de la croix, et ne te plains pas d'être délaissée par le ciel. Je te l'ai dit souvent : « Plus tu te croiras abandonnée du « Seigneur, plus, en réalité, tu seras rap- « prochée de lui. » Je veux agir avec toi, comme mon Père agissait avec moi ; je te charge de toute la souffrance que ta faiblesse peut supporter.

« Dieu t'a déjà prévenue qu'un jour, tu tomberas dans une grande erreur. Je n'ai pas à te dire si ce sera piège infernal, tentation, ou même faute grave ; quoi qu'il en soit, ne te décourage jamais ; rien ne déplaît plus au Seigneur que le désespoir.

« Jusqu'ici, ma fille, tu te sentais en confiance, en grâce, en faveur auprès du Tout-Puissant. Hélas! la face des choses va changer pour toi, et bientôt il te semblera que tu es méprisée et repoussée de ton Dieu. Cependant, demeure ferme dans l'épreuve, car aux vainqueurs seuls est réservée la couronne. Pourrais-tu oublier l'offrande vraiment royale que tu as faite au Seigneur, en l'assurant que tu voulais le servir, non pour éviter l'enfer ou gagner le ciel, mais seulement pour lui plaire? Agis selon tes paroles et, jusqu'à la mort, reste au service de Dieu, avec une amoureuse ferveur.

« Tu ne saurais croire quelle est ma pitié pour toi; pauvre petite âme, en te voyant plongée dans une telle désolation, après les marques d'amour que je t'ai données, les noms si tendres que je t'ai prodigués, après que tu as senti et goûté combien je suis plus aimable, plus désirable, plus suave que tout au monde. Ah! maintiens-toi désormais dans la crainte et ne dis plus : « Que Dieu me préserve de ceci, je me charge « d'éviter cela. » C'est pour avoir tenu ce langage présomptueux qu'un jour, tu sentiras ta faiblesse et ta fragilité. Sache-le, si je ne te soutenais de ma main toute-puissante, il suffirait d'une fourmi sur ton chemin, pour te faire tomber. Ne compte donc jamais sur tes forces, alors même que le ciel t'accorderait la faveur d'opérer des miracles.

« Au cours de l'épreuve, souviens-toi qu'il y a plus de mérite à se tenir devant l'Éternel, sans dévotion ni larme, que si l'on avait le cœur rempli d'amour et les yeux mouillés de pleurs. La prière aride, désolée où tu persévères, rachète une partie de tes fautes, tandis qu'à te fondre de tendresse devant le Seigneur, tu n'acquittes en rien le montant de ta dette.

« Fais provision d'humble patience pour les jours d'adversité et d'abandon. Surtout ne crois pas que la suspension des douceurs spirituelles puisse venir de la colère divine; elle n'est en réalité qu'un effet certain de l'amour que te porte le Seigneur. Tu le sais, il n'entend point te donner le paradis sur la terre. Il te veut seule, toute seule, dépouillée de tout, sur la croix où se consomme la sainte et spirituelle union du Créateur avec la créature. Tu pourras dire alors, comme l'épouse du Cantique : « Mon bien-aimé est à « moi; moi je suis à lui » au milieu des lis rouges de sa passion, ces lis de la souffrance qui sont la chère pâture de son amour et de son cœur. »

*
* *

Peut-être fut-ce en relisant ce mémorial d'amour, peut-être en prolongeant ses prières sans consolation, que Battista obtint la fin de son épreuve. Elle avait passé quatre ans dans une intense désolation (du mois d'août 1488 au mois d'octobre 1492). Elle en sortait humble, soumise, méfiante d'elle-même et confiante en Dieu. Dans la prière suivante, qui marque le terme de ces tristes années, on retrouve les mêmes cris d'amour que dans le récit de sa conversion, mais combien cet amour paraît plus touchant parce qu'il est plus humble ! — « O Dieu, très doux et très bon, s'écrie-t-elle, père des miséricordes infinies, je suis cette centième brebis égarée qui, pendant plus de trois ans, est allée se perdre loin de vous. Errante, affolée, vagabonde à travers champs et buissons, elle s'est nourrie d'herbes amères ou de plantes vénéneuses[1].

« Mais aujourd'hui, ô douceur de mon Dieu, source de la paix véritable, de tout mon cœur je veux revenir à vous. Daignez vous baisser jusqu'à moi pour me prendre et me rapporter sur vos épaules, dans le bercail d'amour. Oh! ne détournez pas de moi votre cher visage.

« Très doux Jésus, vous qui m'avez appelée de si loin, vous qui avez pris tant de peine pour m'enlever à la mer orageuse de ce monde, ne permettez pas que je fasse naufrage dans le port même de la sainte religion. — Rappelez-vous le prix que je vous ai coûté. Rappelez-vous le sang que vous avez versé sur la croix pour racheter mon âme pécheresse. Souvenez-vous aussi, ô mon bien-aimé, non de ce que j'ai fait, mais de ce que j'aurais voulu faire pour votre gloire.

« Je suis le pauvre publicain qui, par honte

---

1. *Op. spirit.*, p. 135, 136, 137. — Pascucci, p. 204, 205. — Marini, p. 390, 391, 392.

de ses péchés, se tenait éloigné de vous.
Comme lui, je n'ose lever les yeux vers le ciel,
et, de même que lui, je frappe ma poitrine en
disant : « Seigneur, par pitié, approchez-vous
« de moi, qui suis une misérable pécheresse. »

« O Seigneur, ouvrez les bras de votre clé-
mence ; recevez-y une enfant prodigue qui a
dissipé, dans une vie coupable, non seulement
ses biens, mais les vôtres. Je ne suis pas digne
d'être appelée votre servante, ni votre esclave,
car j'ai compromis le salut des âmes rachetées
par votre sang. Et cependant, ô mon Jésus,
venez au-devant de moi, venez avec votre
grâce. Serrez dans vos bras mon âme désolée
et visitez-la, comme vous le faisiez jadis, en
des jours plus heureux — O Jésus, ne me
refusez pas le baiser de paix que mon cœur
désire ; mettez fin à la guerre cruelle qui m'a
tant fait souffrir depuis trois ans.

« Et si je suis indigne d'une telle faveur,
accordez-moi, du moins, la paix du tombeau.
O mon Dieu, arrachez-moi à l'exil et aux
froides ténèbres d'ici-bas. Tirez-moi à vous,

Dieu de pitié, ne me laissez pas languir dans ce triste monde où je ne puis demeurer plus longtemps. Tout m'en chasse. Les infirmités, les personnes ameutées contre moi, les démons, ma pauvre âme elle-même excédée de ses souffrances, tout me crie : « Va, fuis cette « terre, tu n'as plus rien à faire ici-bas. »

« Recevez-moi donc auprès de vous, très doux Jésus, recevez-moi en vous. Je suis prête à partir et j'arrive avec une joie que je ne puis rendre. Mettez-moi, d'ailleurs, où l'exige l'intérêt de votre gloire, et là, j'atteindrai le grand jour du jugement. Pourvu que je ne sois pas séparée éternellement de vous, comme je l'ai trop mérité, je bénirai votre grâce et votre miséricorde. Je chanterai vos louanges en des alléluias sans fin, Seigneur, qui vivez et régnez dans les siècles des siècles. »

CHAPITRE VII.

MORT ET GLOIRE DE LA BIENHEUREUSE

Assassinat de Giulio Varani et de ses fils aînés. — La Bienheureuse pardonne aux bourreaux. — Giomaria Varani rentre à Camerino et reçoit de Léon X le titre de duc. — Lettres de Battista. — Elle meurt de la peste. — Ses miracles. — Culte qu'on lui rend. — Ouverture de son procès de canonisation.

Sur notre pauvre terre, les souffrances changent de nature, au cours de la vie. Le fardeau de la croix se déplace ou se transforme, mais c'est toujours la croix, toujours la douleur ; et le plus souvent nous n'obtenons pas même cet instant pour respirer, que Job demandait avant la mort. Battista semble, pourtant, avoir traversé quelques années de calme, à la suite de ses longues souffrances d'âme. En 1503, elle fut frappée de nouveau, au plus vif de son cœur, par le malheur le plus tragique.

Son père, Giulio, après une jeunesse orageuse, atteignait les hauteurs sereines de la vieillesse, et se reposait en des œuvres utiles et pacifiques. Jamais l'étoile des Varani n'avait brillé d'un aussi vif, d'un aussi pur éclat, lorsque César Borgia fondit sur la Romagne, comme un effroyable ouragan. Ce fut bientôt fait de ruiner tout le pays. Le terrible prince s'empara d'abord d'Urbino, faisant fuir devant lui Guidobaldo, le duc régnant. De cette première conquête, il marcha sur Camerino.

Maintes fois, Giulio avait dû combattre ou refouler la sourde hostilité des nobles qui l'entouraient. Sa situation de suzerain, sa haute valeur, ses bienfaits mêmes, lui avaient créé plus d'envieux que d'amis. Mais quel puissant d'ici-bas peut admettre la trahison définitive de sa fortune et l'abandon de ses sujets?

A l'approche de Borgia, Giulio regarda

avec stupeur autour de lui. Il était seul et sans défense. Cette désertion inattendue le livra au pouvoir de l'ennemi qui, aussitôt, le fit charger de fers, ainsi que ses trois fils : Venanzio, Annibale et Pirro[1].

Comme on l'emmenait prisonnier hors de l'enceinte, on le conduisit sous la porte Peschiera d'où la voie dévale brusquement vers la rivière. Peut-être alors se retourna-t-il pour jeter un dernier regard à la ville qu'il aimait tant, cette ville qu'il pouvait appeler sa mère, puisqu'elle lui avait donné le jour, et sa fille, puisqu'elle lui devait une vie nouvelle. Là, pas une muraille qui ne rappelât son souvenir, depuis les modestes cellules de l'hospice jusqu'aux salles somptueuses du palais seigneurial.

Une foule morne et silencieuse accompagnait le vaincu. Tout à coup s'éleva la voix d'un misérable ouvrier, assez lâche pour lui lancer une dernière insulte : « Va, lui cria-

1. Camillo Lilii, p. 259. — Marchese Patrizio Savini, p. 102.

t-il, et baise le verrou de cette porte que tu ne reverras jamais. » Un frémissement d'indignation parcourut la foule, mais nul n'osa défendre celui qui allait mourir[1]. Le lendemain, Giulio était séparé de ses fils et jeté au fond d'un cachot, dans la forteresse de la Pergola. Il y périt misérablement, le 9 novembre 1503, étranglé ou poignardé par les ordres de Borgia.

Ses trois fils subirent le même sort ; à peine le premier crime consommé, les bourreaux mirent à mort les deux aînés, dans le village de la Cattolica : tandis que le troisième était étranglé à Pesaro. Ainsi se renouvelait, à soixante-dix ans d'intervalle, l'horrible drame qui avait détruit les Varani en 1434[2].

Au fond de sa cellule, Battista apprit le désastre où s'effondrait sa famille et la grandeur de sa race. Tous les sentiments de sa

1. Aristide Conti, p. 120, 121. — Baiser le verrou de la porte était, à cette époque, une marque de vassalité.
2. Camillo Lilii, p. 263.

nature ardente, son cœur de fille et de sœur à jamais broyé, sa fierté de princesse, même l'honneur mondain, tout lui soufflait la haine et la vengeance. Seul, Dieu lui commandait le pardon. Quelle fut la lutte dans cette âme passionnée ? Rien ne le révèle ; nous savons seulement que l'amour divin triompha de la haine. Battista se montra si douce, si résignée, si digne, au milieu de ses larmes, que Borgia lui-même eut des égards pour une telle vertu. Il n'osa s'attaquer ni à la Bienheureuse, ni à son monastère, et il maintint les aumônes dont vivaient les clarisses[1].

Les lignes que Battista adresse à l'un de ses disciples, sur le pardon des offenses, sont une autre preuve de son admirable résignation. — « O mon fils, la vertu des vertus, c'est d'aimer ses ennemis. Au dire du philosophe, la vertu réside dans la difficulté, et l'amour des ennemis étant chose difficile, la vertu est très haute qui monte jusque-là.

1. Marini, p. 198, 199.

L'âme, arrivée à une certaine altitude dans la grâce, ne se connaît même plus d'ennemi. Elle ne voit que des amis en ceux qui, lui donnant occasion de faire œuvre de salut, l'aident à se sauver. De cette âme on peut dire que le monde et l'enfer lui sont amis. Elle ne trouve rien ni personne pour lui fermer le chemin du ciel. » — Et plus loin : « De toutes choses que vous voyez ou entendez, mon fils, sachez extraire le bien. Prenez la rose et laissez l'épine... Surtout n'admettez que difficilement les soupçons sur le prochain.

« Il est écrit : « Une belle lumière se lève « toujours dans l'âme du juste et une vraie joie « dans le cœur bien orienté. » Pour moi, c'est ma ferme croyance ; si vous gardez votre cœur pur de toute malice et que vous agissiez envers Dieu et le prochain dans une droite intention, vous cueillerez bientôt ces deux fruits très suaves : lumière divine en votre intelligence et joie angélique en votre cœur divinisé. Ce sont biens, croyez-moi, que ne peuvent donner ni le monde, ni les choses qui sont du monde. »

Cependant tous les fils de Giulio n'avaient pas succombé avec lui. Le plus jeune des princes, Giovanni Maria ou Giomaria, se trouvait à Venise à l'époque de l'invasion. De cette ville, il se rendit à Aquila où, sous la protection du sénat vénitien, il attendit le retour de la fortune.

Il n'attendit pas longtemps. Tandis que les difficultés se multipliaient dans le pays conquis, le pape Alexandre VI mourait à Rome. Les Borgia perdirent leur assurance en perdant leur protecteur et Giomaria, aidé de Mutio Colonna, n'eut aucune peine à chasser les intrus et à recouvrer le pouvoir.

Avec lui rentra dans le palais seigneurial Giovanna Malatesta, sa mère[1]. C'était une âme douce et forte dont l'influence s'unit à celle de Battista pour modérer l'ardeur du jeune prince. Violent et emporté par nature,

---

1. On ignore où elle se réfugia durant l'invasion. Peut-être avait-elle accompagné à Venise son plus jeune fils.

Giomaria exerçait autour de lui de terribles représailles. Ces mesures cruelles, que Battista ne put toujours arrêter, lui firent plus d'un ennemi. Mais il était de ceux à qui sourit la fortune. Il sut intéresser tous les papes à sa cause personnelle ; l'un d'eux, Léon X, lui accorda la main de sa nièce Caterina Cibo, et pour le rendre digne de cette haute alliance, il lui conféra le titre de duc[1].

La cérémonie d'investiture eut un éclat inusité dont tous les récits du temps nous transmettent les détails. Dans la cathédrale de Camerino, au milieu d'une foule d'évêques, de comtes, de barons et de seigneurs, les deux cardinaux Cibo et Armellino remirent solennellement à Giomaria les insignes de sa nouvelle dignité. Lorsque après la cérémonie le jeune duc parut au seuil de l'église, avec le grand manteau ducal, la couronne d'or sur la tête, l'épée nue à la main, il y eut dans la ville d'immenses cris d'al-

1. Marchese Patrizio Savini, p. 106. — Camillo Lilii, p. 277.

légresse, des acclamations sans cesse renouvelées. On eût dit que le peuple, fier de son souverain, voûlut éveiller dans la tombe et associer à sa gloire cette longue lignée de Varani qui, depuis des siècles, le gouvernaient si habilement[1].

Quelques mois après les fêtes d'investiture, Giomaria, nommé préfet de Rome, épousait Caterina Cibo. Nous avons en ce moment sous les yeux le portrait des deux époux. Par la finesse de leurs traits, ils contrastent avec les types du quattrocento, qui fut vraiment l'ère des parvenus. Si l'on étudie les portraits et les effigies de cette époque, on est frappé de tant de laideur vulgaire, presque bestiale; sous la splendeur des vêtements, on devine l'ouvrier ou le paysan, à peine dégrossi.

Tout autres sont les héritiers de ces deux anciennes races : Cibo et Varani. Caterina dresse fièrement sa tête fine dont les traits

1. Camillo Lilii, p. 279.

droits et mignons, l'œil superbe, accusent autant de volonté et d'intelligence que de rare beauté. Dans les yeux brillants de Giomaria, dans ses sourcils froncés, on devine la violence de sa nature. Mais s'il est lui-même par le regard, il appartient à sa famille par la fière courbure du nez et le pur dessin des lèvres, qui dénotent l'homme de race.

Égale à son mari comme naissance, Caterina lui était très supérieure par les facultés intellectuelles. Elle prit sur lui une influence qui alla toujours s'affirmant. Après la naissance de leur fille Giulia, elle profita de cet ascendant pour faire déclarer l'enfant héritière du duché de Camerino et pour s'attribuer à elle-même la régence, le cas échéant.

Sans doute, Battista ne put rester insensible à la restauration de sa famille. Il est à remarquer, pourtant, qu'elle ne témoigna aucune joie de cette marche ascendante vers la for-

1. B. Feliciangeli, *Vita di Caterina Cibo-Varani, duchessa di Camerino.*

tune. Comme elle était restée douce et résignée dans le malheur, elle demeure digne et calme dans la prospérité. A peine fait-on mention d'elle, désormais. On ne la rencontre auprès de son frère que lorsqu'il s'agit de le consoler, de le modérer ou de plaider la cause des malheureux.

Depuis longtemps, son regard ne se fixe plus que sur les choses éternelles.

*
* *

En 1499 était morte la première abbesse de Santa Chiara, sœur Pacifique. A sa place, fut élue Battista, dont la réputation de sainteté franchissait déjà les murs de la clôture. Sous la sage et ferme direction de la Bienheureuse, les vocations affluèrent à Santa Chiara et bientôt les clarisses eurent dépassé le nombre réglementaire. La conscience délicate de leur mère s'en inquiéta; elle obtint un décret spécial qui fixa ce nombre à quarante-cinq et ne permit point de le dépasser.

Fut-ce les nouvelles fonctions d'abbesse qui détournèrent Battista de reprendre la plume? Fut-ce la paix de son âme enfin recouvrée et rendant toute confidence inutile? Ou la mort successive de ses directeurs? Dieu le sait; mais dès la fin du xv° siècle, le fil conducteur qui passait des mains de la Bienheureuse dans les nôtres, se rompt brusquement. Nous n'avons plus pour nous guider que les événements extérieurs et quelques lettres adressées par Battista à l'un de ses fils spirituels, le Père Antonio. Ces directions d'âme exercées par des abbesses déjà vieillissantes, sur de simples prêtres ou religieux, étaient l'une des traditions que le moyen âge avait léguées au début de la Renaissance. On y voyait, à la fois, l'humilité de l'homme acceptant les conseils d'une femme pieuse et expérimentée, et le touchant souvenir de la soumission de saint Jean à l'égard de la Vierge.

Quelques-unes de ces lettres gardent encore toute la chaleur de l'âme ardente qui les a dictées. Tel est le passage suivant : « Souvenez-vous, âme bénie, de servir Dieu non pas comme une esclave, par peur des peines temporelles et des supplices éternels, non pas même comme une pécheresse, pour l'amour d'une récompense quelconque, si haute fût-elle, mais comme une vraie et légitime fille du Seigneur, rendant à Dieu amour pour amour, peine pour peine, sang pour sang, vie pour vie. Ce sont là des chemins couverts et sûrs, en même temps que très directs pour arriver au cœur de Dieu. Sans doute les humains ne peuvent les voir, mais ils sont connus et jugés admirables par le Seigneur devant lequel tout est à découvert.

« Souvenez-vous aussi de ne pas employer deux années à la tâche que vous pouvez accomplir en un an. Dans la voie qui conduit à Dieu, les vertueux cheminent, les sages courent, les enamourés s'envolent. Quand il s'agit de jouir du Seigneur, se peut-il qu'on chemine seulement ? Il faut courir; et comme le temps est bref, il ne suffit pas de courir. Il faut voler.

« Que ceci reste votre devise : « Toujours « avancer et ne jamais reculer. ». Si au feu qui brûle on ne jette pas du bois pour le nourrir, de lui-même le feu s'éteindra. Si dans une âme vertueuse on n'ajoute pas vertu sur vertu, la vertu elle-même finira par mourir. Et après avoir commencé par dire : « Je crois « en Dieu », la pauvre âme finira par se perdre « dans la résurrection de la chair », c'est-à-dire dans les affaires du monde et les pensées du siècle. »

Ailleurs la même idée est reproduite sous une autre image, également originale et juste. « Veillez, mon fils, non pas à la surface extérieure de vos œuvres, mais à la température de votre charité intérieure, Dieu ne regardant que le cœur. D'un vase qui est en ébullition les mouches n'ont garde d'approcher, mais elles envahissent la surface d'un liquide refroidi, et finissent par s'y noyer.

« Ainsi de l'âme. Lorsqu'elle est montée à la température de l'amour bouillant, par la force du feu divin, le démon, redoutant son contact, s'enfuit au plus vite et au plus loin, avec son cortège d'immondes pensées. Mais si la charité divine s'est refroidie dans l'âme, alors accourent, de toutes parts, les mouches venimeuses de la vanité et des pensées inutiles. Elles s'abattent sur cette pauvre âme, s'y engouffrent, s'y noient, empoisonnent l'air qu'elle respire et produisent comme un sommeil engourdissant.

« De là vient qu'en religion, beaucoup d'âmes s'endorment de ce sommeil et rêvent qu'elles cheminent dans la perfection. Hélas! Quand viendra l'heure de la mort, elles verront le néant de leurs songes, la chimère de leurs rêveries. Réveillées en sursaut, elles s'apercevront que leurs mains sont pleines, non pas du fruit de leurs œuvres, mais des mouches et des illusions diaboliques.

« Ayez donc les yeux ouverts, cher fils en notre doux Christ; ne jouez pas avec les quelques jours qui vous restent à vivre, et soyez vigilant et fervent, fidèle surtout à la grâce que Dieu vous donne. »

Des avis généraux, Battista passe aux conseils particuliers dans lesquels on retrouve toute la finesse de l'esprit italien : « Sachez bien, mon fils, qu'en religion, les murmures et les jugements téméraires sont vraiment des œuvres inspirées par le diable, mais qu'il cache sous le pavillon apparent et trompeur de l'amour du bien. Aussi coupable est celui qui écoute le murmure, que celui qui le répand, car s'il n'y avait personne pour l'écouter, il n'y aurait point de mauvais propos. Un démon est assis sur la langue de celui qui se plaint ; un autre est installé dans l'oreille de celui qui écoute et tous deux se rient et se raillent à l'envi du sot religieux qui murmure et de l'insensé qui l'écoute.

« Soyez plus sage, mon fils ; montrez un visage sévère à quiconque voudrait vous prendre pour le confident de ses plaintes. Vous ferez ainsi deux bonnes actions à la fois; vous chasserez le démon de la langue de votre frère, et vous confondrez celui qui se préparait déjà à s'installer dans votre oreille. »

*
* *

Nous avons déjà dit que Battista était poète. Sauf quelques instructions en vers, adressées aux novices, une seule de ses poésies a traversé les siècles pour arriver jusqu'à nous. C'est un long soupir d'amour divin, une sorte de plainte ou de complainte, ardente comme la sainte elle-même. Quelle que soit la date qu'on leur attribue, les strophes suivantes correspondent à tous les sentiments de Battista et à toutes les phases de sa vie, depuis sa conversion.

« Vous voir, ô Jésus, et faire votre volonté,
« je n'ai nul autre désir ici-bas. Daignez
« m'unir à vous, soyez mon réconfort, soyez
« aussi ma paix. Oh! par pitié, mettez fin à

« cette longue attente dans laquelle je languis.
« Mon audace est grande, doux et cher
« Seigneur; mais j'implore votre pardon. Si
« vous ne voulez pas que mon cœur défaille,
« ô mon amour, montrez-moi votre divine
« beauté[1].

« Montrez-vous seulement et je ne crain-
« drai plus que jamais créature puisse attirer
« mon cœur. Si belle, me dit-on, si belle
« est votre face que quiconque l'a vue ne peut
« se reposer en aucun être humain. Je sens
« alors une flamme intense me brûler le
« cœur, et mes peines se fondre en allé-
« gresse. Je ne sais même plus que je suis
« blessée. En pleine vie, je meurs... mais
« toute enamourée.

« Oh! mon cher Seigneur, est-il vrai que
« ma peine soit un plaisir pour vous? A
« quoi vous servira de me laisser languir?
« Pour moi c'est grand dommage, pour vous
« c'est déshonneur si les promesses que vous

1. *Op. spirit. — Canto in ottava rima della B. Battista Varani*, M. Can. Santoni, Foligno, 1889.

« m'avez faites demeurent sans effet. Il
« n'est pas étrange que j'aille soupirant et
« pleurant dans mon impatience. L'heure
« paraît bien longue à celui qui attend !

« Pourquoi me cacher votre beau et saint
« visage, ô mon doux Seigneur ? Certes, je
« sens mon audace et ma présomption. Mais
« je vous appelle et vous ne répondez pas.
« Pourtant, je le sais, toute âme qui espère
« en vous, n'est jamais confondue. A qui
« éprouve la soif de vous voir, vous daignez
« vous montrer ; vous répondez à qui vous
« appelle.

« Offrez-moi le monde entier et le ciel
« avec ses armées d'anges et de bienheureux ;
« ouvrez le paradis, orné de ses glorieuses
« hiérarchies, sans me montrer votre ado-
« rable visage, rien, rien ne pourra me
« contenter. Sans vous, ce paradis me serait
« un enfer.

« Je désire ardemment que mon cœur
« brûle pour vous, Seigneur, et tout en
« soupirant, j'implore ma grâce et non ma

« récompense. Ah! s'il me tombait dans
« le cœur une seule étincelle de cet im-
« mense amour de qui procèdent vertu,
« bonté, sagesse et courtoisie, je n'aurais
« plus pour le monde qu'un profond mé-
« pris.

« Daignez, Seigneur, me faire atteindre
« ce degré de vertu où l'on connaît l'in-
« dignité de son âme. Faites que je vous
« aime d'un amour excessif qui n'écoute rien,
« ni la froide raison, ni l'humaine sagesse,
« ni la honte prête à lui mettre un frein.
« Et vous aimant ainsi, — ô doux amour!
« — je pourrai dire que j'ai vaincu le
« monde. »

Il est difficile de préciser si, dans cette
poésie, Battista soupire après la vision du
Christ, qu'elle obtint au cours de sa jeunesse, ou si, à l'exemple de beaucoup de
saints, elle implore la mort pour jouir de la
vision béatifique, la seule qui soit complète
et qui dure à jamais. Mais la Bienheureuse ne touchait pas encore au soir de la

vie; sa journée ne devait finir que lorsque sa tâche serait achevée et sa mission remplie.

En 1505, le pape Jules II, sollicité par les principales familles des Marches, donna l'ordre à Battista d'aller fonder un couvent de clarisses dans la ville de Fermo. La Bienheureuse partit aussitôt avec sœur Angela Ottoni, cousine de son beau-frère Rainuzio. Il lui suffit d'une année pour fonder un monastère qui tint place d'honneur dans les annales franciscaines, autant par la haute vertu des religieuses que par la distinction de leur naissance et par leur nombre rapidement accru. Avant son départ, Battista fit élire l'abbesse et la maîtresse des novices. Elle reprit alors le chemin de Camerino où l'attendaient, avec une tendre impatience, ses filles de Santa Chiara[1].

Un autre événement bien plus important, l'institution des capucins, allait donner

1. Marini, p. 202, 203.

un nouvel essor à l'ordre de saint François.
Vers 1524, un ancien protégé des Varani,
devenu frère de l'Observance : Matteo de
Bascio, se sentit inspiré par le ciel de reprendre l'habit qu'avait porté le fondateur
et de mener une vie plus parfaite et plus
austère que celle des franciscains. C'était,
d'ailleurs, un homme d'une sainteté émi-
nente, dont le dévouement, au cours des
épidémies pestilentielles, avait laissé de pro-
fonds souvenirs à Camerino. Bientôt se joignit
à lui un vieux et saint religieux, nommé
Francesco de Cartoceta.

Il était impossible qu'un tel changement
de vie passât inaperçu dans les couvents de
l'Observance. Le provincial Giovanni di Fano
s'éleva avec force contre ces innovations. Il
adressa de sévères reproches à Matteo, et
pour arrêter la contagion de l'exemple, il
s'assura du réformateur, en le faisant en-
fermer au couvent de Torano[1].

1. Milziade Santoni, *I primordi dei frati Cappuccini, nel
ducato di Camerino*, Camerino, 1899.

Matteo accepta l'épreuve avec une humble patience; mais telle ne fut pas l'attitude de la duchesse Varani. Ardente zélatrice de la réforme, elle fit mander le Père Gardien de Torano et lui parla en termes véhéments, reproduits par un vieux manuscrit : « Vous
« dites, s'écria-t-elle, que vous ne savez
« pas où est le frère Matteo. Je le sais,
« moi, vous l'avez jeté en prison et accablé
« de mauvais traitements. Tirez-le de là, et
« me l'amenez, sans retard, sinon je mets le
« feu à votre couvent. Je vous donne trois
« jours pour délivrer le prisonnier; si, à
« l'expiration de ce délai, il n'est pas rendu
« à la liberté, vous serez chassés de tout le
« territoire qui m'appartient.

« Sachez que Sa Sainteté permet à frère
« Matteo de prêcher selon l'inspiration du
« ciel, avec son vêtement et son capuce, et
« vous entendez, vous, mettre obstacle aux
« volontés divines et aux décisions de Sa
« Sainteté!... Allez, et faites ce que je vous
« prescris. »

Ces menaces, dont le ton trahit toute la violence de l'époque, ouvrirent immédiatement la prison de Matteo ; mais le provinvincial n'en fut que plus ardent à le poursuivre, convaincu, d'ailleurs, qu'il servait ainsi la cause divine. Il écrivit au duc et à la duchesse de Camerino, en les suppliant d'abandonner les brebis indociles qui délaissaient le bercail. Il insista plus vivement encore auprès de Battista, sa fille spirituelle.

Au point de vue humain, ce petit germe de réforme semblait prêt à disparaître dans la tourmente. Seules, la duchesse avec sa vive intelligence et Battista avec l'intuition des saints, espéraient fermement en l'œuvre ébauchée. Peut-être la Bienheureuse voyait-elle déjà, dans la suite des siècles, ces innombrables religieux qui, marchant sur les traces du réformateur, se répandaient dans les villes et les campagnes, les enflammaient de leur parole ardente et portaient les lumières de la foi jusqu'aux régions les plus reculées.

De même que sa belle-sœur, Battista n'hésita pas à blâmer le zèle aveugle de Giovanni di Fano. Toutefois elle le fit avec prudence. Elle répondit au provincial par ce commentaire de l'Écriture : « Il n'y a point de sagesse, ni de dessein contre Dieu. » Puis elle conclut par le mot de Gamaliel : « Que si « cette œuvre était de l'homme, elle se dé- « truirait d'elle-même, mais que si elle venait « de Dieu, rien ne pourrait lui nuire. » Les conseils de la Bienheureuse portèrent leurs fruits, car peu d'années après, Giovanni di Fano, désarmé par l'éclatante sainteté du réformateur et de ses compagnons, venait humblement demander une place dans leurs rangs.

Devant le nombre des adhérents qui se groupaient autour de Matteo, la duchesse résolut de leur offrir l'hospitalité sous les combles du palais ducal. Plus tard, elle leur fit construire, aux environs de la ville, un monastère très simple, mais assez vaste pour recevoir les nouvelles recrues. Son dévouement fit mieux encore ; de concert avec l'évêque de Camerino, elle se rendit à Viterbe, auprès de son oncle, le pape Clément VII, pour plaider elle-même la cause de ses protégés, et pour faire approuver leur réforme.

Le pape réfléchit plusieurs jours à la portée que pouvait avoir une telle innovation dans l'ordre franciscain. Il en fit, avec ses prélats, l'objet d'un sévère examen, et le 3 juillet, il lançait la Bulle de concession, *Religionis zelus*. Par cette Bulle, il accordait aux frères réformés l'autorisation de continuer leur vie austère, de revêtir l'habit, muni d'un capuce carré — d'où leur vint le nom de capucins, — de recevoir parmi eux clercs et laïques, de participer à toutes les grâces concédées aux Mineurs. De plus, il était enjoint aux évêques de leur prêter partout assistance et protection.

Désormais les capucins étaient canoniquement institués et reconnus dans l'Église entière, par la volonté du Souverain Pontife. En toute œuvre, ici-bas Dieu se sert d'instruments humains. La maison Varani reçut la mission et eut la gloire de favoriser le développement rapide du nouvel Institut [1]. Mais ce ne fut point de la terre, que Battista vit le triomphe de ses protégés.

Au mois de mai 1527, elle avait soixante-neuf ans. Pour la plupart d'entre nous, la vieillesse s'enveloppe d'une ombre si triste et si désolée qu'elle ne ressemble à nulle autre. Pour la Bienheureuse, c'était l'aube du jour éternel. Plus son corps s'affaissait sous les infirmités, plus s'élevait brillante et vive la flamme de son amour.

Déjà toute consumée par le feu divin, elle fut atteinte de la peste, dans la terrible épidémie de 1527. La maladie eut-elle une fin brusque et inattendue? Battista fut-elle isolée de ses compagnes afin d'arrêter la contagion? Aucun auteur n'a pu l'expliquer; mais il est certain qu'à l'heure suprême il n'y avait personne auprès d'elle pour recueillir ses dernières paroles et ses derniers soupirs, personne

---

1. Une cousine et amie des deux belles-sœurs Varani, la célèbre Vittoria Colonna, contribua puissamment, de son côté à soutenir les capucins et à les défendre dans la persécution.

même pour lui fermer les yeux. Le Seigneur l'en avait prévenue : il la voulait jusqu'au dernier instant de sa vie « isolée et dépouillée de tout sur la croix ». Et dans l'amour jaloux qu'il lui portait, il voila à tous les regards cette heure terrible, mais précieuse devant lui. Seul, il en garda le secret.

Les clarisses inhumèrent leur abbesse et fondatrice dans le chœur de leur église. Par crainte de la contagion on prononça son oraison funèbre, non sur sa tombe, mais en la cour du palais ducal, et le même sentiment de terreur condamna aux flammes tous les objets qui lui avaient servi, durant la maladie. Cependant, le ciel prenait soin d'exalter sa mémoire; les miracles se multipliaient autour de son tombeau; à Urbino on reproduisait ses traits sous l'auréole des saints, et déjà le peuple ne l'appelait plus que la Bienheureuse Battista.

Trente ans après sa mort, les clarisses,

I. Pascucci. — Marini. — S. Vincenzo da Porto.

qui désiraient lui rendre de plus grands honneurs, l'exhumèrent de sa première sépulture. On trouva son corps dans un état de conservation parfaite, les chairs ayant encore les couleurs de la vie. Ses lèvres souriaient; ses yeux, ouverts et brillants, souriaient avec les lèvres. Elle semblait reposer en pleine extase.

Aussitôt se répandit le bruit de cette merveille. Le chapelain du monastère, redoutant la contagion de la peste et contraint d'ailleurs par les lois du pays, donna l'ordre d'ensevelir de nouveau le corps vénéré. Il le fit mettre entre deux planches, entouré de chaux vive. De la joie inattendue qu'elles avaient éprouvée en retrouvant leur mère presque vivante, les pauvres clarisses passèrent à une profonde douleur; elles allaient le voir disparaître à jamais ce doux sourire qui leur révélait les joies du ciel et qui semblait les y convier! Mais elles avaient appris de la Bienheureuse l'obéissance passive; aucune d'elles ne fit la moindre objection à cette mesure sévère.

En 1593, au cours de différents travaux entrepris dans le chœur de l'église, on découvrit les planches entre lesquelles reposait le corps de la Bienheureuse. Il s'en dégagea aussitôt un parfum céleste, tel qu'on n'en respire point ici-bas. Les chairs avaient été consumées par la chaux; mais comme pour apporter un nouveau témoignage surnaturel, la langue demeurait fraîche et rose, au milieu des os dénudés.

Ces précieux restes furent exposés dans l'église. Plus tard, on les plaça en des châsses de grand prix, et à l'occasion de ce transfert et des hommages que leur prodiguait la foule, de nombreux miracles vinrent signaler la puissance de Battista.

Toutefois, il était réservé à notre époque de lui décerner les honneurs suprêmes. Par un bref daté du 7 avril 1843, le pape Grégoire XVI approuva le culte public rendu à Battista, en la déclarant Bienheureuse. Pie IX accorda une indulgence au jour de sa fête, et un décret, relativement récent, de Léon XIII, ouvrit son procès de canonisation, le 9 décembre 1878.

. . . .

. . . .

En quittant ce monde, Battista parut avoir emporté toute la fortune et toute la gloire de sa race. Certaines plantes, dit-on, ne fleurissent qu'à la condition de mourir avec leurs fleurs ; de même la tige superbe des Varani, lorsqu'elle vit tomber la plus belle, la plus précieuse de ses fleurs, sentit sa sève comme épuisée. Trois mois après la mort de Battista, son frère, le duc Giomaria, la suivit dans la tombe. La duchesse Caterina prit aussitôt les rênes du pouvoir. Après une régence orageuse, elle accorda la main de sa fille à l'héritier du duché d'Urbino, Guidobaldo II, qui ne pouvant soutenir et défendre deux États, vendit celui de Camerino au pape Paul III, en 1539 [1].

Dès lors, comme la vie de Battista s'était

____

1. Camillo Lilii. — Marchese Savini.

fondue dans celle du Christ par une imitation parfaite, la vie et l'histoire de sa chère patrie, Camerino, se fondirent dans la vie et dans l'histoire de l'Église.

TABLE DES MATIÈRES

CHAPITRE VII

MORT ET GLOIRE DE LA BIENHEUREUSE

TYPOGRAPHIE FIRMIN-DIDOT ET Cie. — MESNIL (EURE).

www.ingramcontent.com/pod-product-compliance
Ingram Content Group UK Ltd.
Pitfield, Milton Keynes, MK11 3LW, UK
UKHW021125220726
13924UKWH00004B/1910